20世纪中国图书馆学文库·64

报刊管理

赵燕群 编著

图 國家圖書館出版社

本书据书目文献出版社 1990 年 6 月第 1 版排印

目　　录

第一章　期刊概述

第一节　期刊的定义与特点

一、期刊的定义

什么是期刊？期刊具有什么特征？图书与期刊、资料的划分原则是什么？这是从事期刊工作必须了解的问题。在图书情报工作中，由于书、刊、资料划分的界限不统一，常常造成工作上的混乱，也给读者利用期刊带来不少麻烦。

近年来，国内外已出现不少期刊的定义，现举几例：

"期刊又名'杂志'。定期或不定期的连续出版物。每期版式基本相同，有固定名称，用卷、期或年、月顺序编号出版。有专业性和综合性两类。"①

"期刊是一种分册连续刊行的出版物，有一个统一的刊名，一般按照一种编号（卷、期）或年、月的顺序出版，并且从一开始就准备继续刊行下去。期刊包括机关团体和学术机构所出版的公报、会报、通报、会志、记录、汇报及丛刊等，但不包括分册出版的多卷

---

① 见《辞海》1979 年版缩印本，上海辞书出版社，1980 年，第 1517 页。

集书和丛书。"①

"期刊是一种印刷出版品或以非印刷形式出版,以号码顺序或按年代排列,分期无限期继续出版者。

期刊包括定期杂志、报纸、年刊(报告、年鉴、指南等)、学报、备忘录、议事录、学会会报和一系列的专题论文。

此定义不包括预定出版期限的连续出版物,但包括无号码继续出版的丛刊。"②

以上定义并不完全相同。但可从中归纳出期刊的属性和具备的因素或特征:

①期刊属于连续出版物。期刊通常定期出版,一年出版两期以上(也有部分年刊),英文的 Periodical 和俄文的 Периодика 都有周期、定期的意思。

②期刊都有统一的比较固定的名称。例如,1952 年创刊的《地质学报》、《化学学报》至今沿用该刊名;美国的《科学美国人》(Scientific American)自 1845 年创刊以来,一直使用此名至今。

③期刊有较固定的出版形式,而且国内外已开始对期刊的编排格式以标准的方式作统一规定。期刊还有较固定的编辑者,负责组织稿源,以及内容的加工等工作。一般期刊有编辑部、编辑委员会等机构,有的刊物每期都列出主编和编辑委员等。

④期刊一般都有卷号、期号和出版年、月,并在每期的固定部分刊载,顺序编号出版。

⑤每期都刊登多作者的多篇文章。有的期刊出版专辑,一般刊登某一会议或某一专题的论文,但专辑也是刊登两篇以上文章,

①　见北京图书馆:《西文期刊著录条例(试用稿)》,北京图书馆图书馆服务社,1983 年,第 1 页。

②　见辜瑞兰:《国际标准期刊号码及其资料系统的研究》国际期刊资料系统纲领,(台湾)"中央图书馆",1979 年,第 99 页。

这是期刊与丛书的重要区别之一。

我们认为,如果出版物具有上述特征,就可作期刊处理。

应该指出,期刊定义上的不统一,主要是由于其划分范围国内外都在某些方面存在含混笼统的情况。例如,英美各国有的称为"periodical",有的又使用"serial"。国际连续出版物数据系统纲领中关于期刊的定义,即为 serial 而下的定义。而《国际标准书目著录(连续出版物)》中,"serial"被称作连续出版物,其概念范围实质上是指期刊。对于上述期刊定义的含混情况,主要是 serial 所包括的范围不一致。因此,美国图书馆学家奥斯本(Andrew. D. Osborn)在分析期刊不同的定义后认为:"期刊、报纸的正确定义已经找了很久了。"①但是,"periodical 与 serial 二者常常以同一的条目而大量存在。"②

我国关于期刊的定义及范畴的不同看法,主要是不同图书馆有不同的规定。根据中华人民共和国国家标准《连续出版物著录规则》规定,"连续出版物包括期刊、报纸、年度出版物(年鉴、指南等)以及成系列的报告、学会会刊、会议录和专著丛书。"③

根据上述规定,期刊与连续出版物不是等同关系,期刊是连续出版物的一部分,这是肯定无疑的。

二、期刊的编排格式

一般来说,期刊都有其特殊的编排格式,70 年代以来,国内外纷纷以标准的形式对期刊的编排格式作出若干规定。

目前我国已制定出科技学术期刊和检索期刊的编排规则(国

① 参见 Osborn, Andrew D. : Serial Publications their place and treatment in libraries. 2nd ed. chicago: American Library Association. 第 7 页。

② 参见上书第 5 页。

③ 见全国文献工作标准化技术委员会编:《文献工作国家标准汇编——著录规则专辑:连续出版物著录规则》,中国标准出版社,第 35 页。

家标准),对于这两类刊物的编排格式进行了规定。

根据国家标准《科技学术期刊编排规则》规定,期刊的刊名(包括副刊名)应当尽量简短明了,必须切合该刊所涉及的特定学科与知识领域。例如《华南地震》、《工程数学学报》、《医学物理》等。刊名不论在期刊的任何位置出现(例如书脊、封面、封底、正文书眉等),都应使用同一名称。这一规定大大方便了期刊的著录工作。刊名应力求稳定,更改刊名或变更出版周期时,最好从一年(卷)的第一期开始,并在新刊发行的第一年内标出更改前的刊名。此外,要求刊名按 GB3259 – 82《中文书刊名称汉语拼音拼写法》加注汉语拼音。

期刊的封面(包括封二)标示的内容应包括刊名(包括副刊名)、卷次、期次和年份,必要时可标示编辑者。由于我国公开发行的期刊均要求分配 ISSN,因此,封面应加上"ISSN×××—×××"。上述内容中的数字一律用阿拉伯数字表示。刊名应在封面的显要位置。当书脊厚度超过 6mm 时,上述项目应在书脊上标示。

期刊应印有目次页,一般在封二后的第一页刊载目次表。期刊中刊登两种或两种以上文种的文章时,目次表对各文章的标示可使用相应的文字,如果目次表只使用中文,则应在篇名后标示该文章的文种,并加圆括号。目次页的版头应标示刊名、卷次(或年份)、期次。跨年编卷时,应在卷次后用圆括号注明该卷包括的时期。向国外发行的期刊,应在正文前或正文后附上一种用国际通用语翻译的目次表(一般附英文目次表)。

期刊的封底(封四)应在固定位置刊登以下项目:刊名、刊期、卷次(或年份)、期次、编辑者及其地址、出版者及其地址、印刷者、发行者、订购处、刊号(或期刊登记号)、全年定价和每期定价、出版年月(日)。创刊年至少在每年(或卷)第 1 期的封底或目次页上注明。

关于期刊的分刊与合并,规则中规定:期刊分成两种或多种期刊而又不保留原刊名时,新期刊应重新编卷次(从卷 1 开始);如果其中有一种保留原刊名,则该刊应延续原刊的卷号。几种期刊合并而又不保留其中任何一个原刊名时,作新刊处理,重新编卷次;如果保留原刊名中的一个,则应延续原期刊的卷期次。期刊的分刊与合并应在第一年每期的封面上标示原刊名。

上述的各项内容对于识别期刊,以及期刊的加工整理工作都很重要。规则中规定的内容还包括期刊的文摘页、期刊的正文部分、期刊论文的注释和参考文献、期刊的增刊和特辑、期刊的分刊与合并等。

国家标准 GB3468－83《检索期刊编辑总则》中,对于检索期刊的刊名、封面、书脊、分册、开本、版权页、构成、文献条目著录项目、文献标引、索引及其著录项目等作了规定。其中刊名、封面、版权页、构成等项对于图书馆工作中识别期刊比较重要。

检索期刊的刊名都应带有"目录"、"文摘"或"文献通报"等名词术语,例如《中文科技资料目录》、《中国机械工程文摘》、《专利文献通报》等。其中的"目录"实质上是索引,"目录"中条目的著录项目包括篇名、著者、文献来源(包括编辑出版单位、页码等),读者可根据著录内容查找到文献(主要是论文)的入藏单位,从而获得原文。

检索期刊的封面标示的内容与科技学术期刊的封面基本相同,但增加本期文献条目的起止顺序号,例如:

刊号
中国机械工程文摘
ZHONGGUO JIXIE GONGCHENG WENZHAI
8509001—8509944
9
1985
机械工业出版社

检索期刊的封底下部通栏为版权项,著录内容及格式见下图:

检索期刊名称	编辑者：………………………
	出版者：………………………
（密级）	
19××年第×卷第×期	
（总期号）	印刷者：………………………
（刊期）19××年×月×	
日出版	总发行处：……………………
定价：×元	订购处：………………………
邮局代号：×－××	省、市、自治区期刊登记证 第×××号

检索期刊的构成,依次为说明、目次、正文、索引和文献来源。其中说明部分包括期刊沿革、编辑内容、编辑方法、使用举例等,也可以包括办刊宗旨、目的、使用对象等,主要是帮助读者进行检索,这部分是检索期刊必须具有的。

除我国的有关期刊编排规则外,国际标准化组织（ISO）也有类似标准,例如 ISO 8/1977《期刊的编排格式》等。

三、期刊与图书资料的区分

图书一般指单行本出版物。它的编排格式和收集途径与期刊均有明显的不同。中文图书一般通过新华书店订购,有统一的书号。但是,应注意有些中文期刊,如中国科学技术情报研究所编辑的一些检索类期刊,也是通过新华书店作书订购的,一些国外出版的年刊也是通过订购图书的途径购入的。忽略这一点,会造成期刊漏订或漏购。

丛书介于图书与期刊之间,具有连续出版的特点,但出版规律不如期刊固定;它有统一的名称,但有些又另有单独的书名。在我国,区分期刊与丛书时,一般可从编排格式和收集途径两方面考虑。

出版形式不同：①虽然丛书有类似期刊的统一名称，但没有顺序号，有的虽有顺序号，但另外有单独书名，且不定期出版。例如，苏联全苏铁路运输科学研究所（ВНИИЖТ—Всесоюзный Научно－Исследовательский Институт Железного рожного Транспорта）出版的一套连续出版物《论文集》（Труды ВНИИЖТ）已经出版600多分册，每分册既有顺序号，又有单独书名，这样的出版物应作丛书处理。而该所另一出版物《通报》（Вестник ВНИИЖТ），每册都用统一名称，有出版年，有期号，定期出版，则属期刊范畴。②不定期出版的各种中文科技丛书也有类似情况，有统一名称并有顺序号，如各种"专题情报资料"，每期系单篇译文、论文，或论述某一问题的汇编，这类出版物也不能作为期刊处理，应算图书或资料。③一些年刊、年报性质的出版物，中国图书进出口公司目前作为丛书、丛刊或单行本图书进行订购，这些出版物应视为图书。

收集途径不同：在国外，一些书业代理商已开始把丛书、丛刊作为一种单独的出版物，办理预订或代订业务，并出版专门的收订目录。中国图书进出口公司从1979年起，已统一办理外国丛书、丛刊订购业务。因此，凡是该公司按丛书、丛刊购入的出版物，一般不作期刊，而按丛书、丛刊处理。

内部发行的中文期刊与资料有时不易区分。原因主要是出版物的编排格式不规则，有些出版物内容、形式均似期刊，但只有年份没有卷号；有些出版物虽属期刊，但出版几期后便停刊，很难按期刊装订与保存。有的图书资料单位遇到这类出版物时，进行特殊处理，例如经过一段时间后，假如该刊仍有一定参考价值，可作为资料保存，并在期刊登录卡上注明。

应该指出，在对书、刊作具体划分时，各图书馆、情报单位常常有自己的处理方法。如美国鲍克公司对于"进展"（Advances in……或 Progress on……），"年评"（Annual Review on……），"年度报告"

（Annual Report on……），以及一些极不定期的刊物，不列入期刊（Periodicals）目录，而列入另一本《不定期连续出版物与年报》（Irregular Serials and Annuals）目录中，美国国会图书馆出版的《新刊入藏报道》（New Serial Titles）则既有期刊也有连续出版物。

中国图书进出口公司划分书、刊的根据是：①按国外主要期刊目录的分列；②按国外出版商所规定的订购方式（凡需"预订"的出版物为期刊，凡要等国外出版后逐本购买的出版物则算作书）；③按国内发行发货记录的方式；④按帐目结算方式。

了解这些情况对于订购工作十分必要，我们可以从中掌握收集期刊的线索和途径。

四、期刊的特点

1. 时间性强，报道及时。

期刊不仅大量反映最新的研究成果，而且能及时反映科学研究和生产活动的动向。据美国"世界会议情报中心"统计，1973 年计划召开的世界科技会议共 1200 个，会议文献至少有 50% 发表在期刊上。有的会议文献只在会上或会后印发摘要，全文在期刊上发表；有的会议文献在期刊中登载预报文摘，会上或会后印发全文。期刊有时分散刊登单篇的会议论文，有时则汇辑多篇会议论文成为一期，或以特刊、附刊的形式成册出版。期刊发表会议文献，一般比另外单出版会议录要快。因此，期刊是报道最新情报的手段之一。

2. 内容广泛，集思广益。

因限于篇幅，期刊的文章一般只论述一个问题或某一科研项目的一部分。但是，期刊可以把某一学科、某一专业的各种观点与实践活动同时刊载。此外，除会议文献外，其他文献也在期刊上发表，例如日本专利说明书（特许）就是作为期刊《特许公报》全文发表的。还有些期刊本身或附刊，就是专门的产品样本集，例如《电子工程师》(EEM—Electronic Engineers Master)等。这些说明了期刊所提供的文献的广泛性,可以为读者提供丰富的资料。

3. 期刊具有连续性。

有的期刊已创刊 300 多年,不少期刊具有悠久的历史。因此期刊的内容能历史地、系统地反映某一学科或某一研究对象的发展过程,起到辨章学术、考镜源流的作用。

第二节　期刊的作用

期刊的作用可归纳为以下几个方面:

一、传播媒介的作用

期刊是一种传播媒介。它可以向读者传播他们感兴趣的政治、经济、文化等各种信息,包括政府、政党和各级行政部门通过的法令、决议;社会及文化方面的消息报道;为商业推销(广告)或各种服务提供专门信息;对事件进行解释和评论,发表各种政治见解,宣传各自的方针、政策或措施等。据 1987 年 9 月 19 日《中国青年报》"中国公民政治心理"调查表明,我国公民获得政治消息的最主要渠道是报刊(24.14%),对报刊舆论"作为党的喉舌作用"给予积极评价的占 76.78%。

二、在科研教学中的作用

期刊在科学领域中有以下作用:①期刊记载着多种多样的科学事实、数据、理论、技术、方法、构思、假设等资料,反映了科学研究的现状、进展和水平,因此,期刊是宝贵的学术文献。②期刊是学术讨论的园地,通过学术交流,在科学工作者之间建立起一种智力协作,促进科学发展和繁荣。③期刊可以扶植人才,为作者提供发表作品的园地,帮助读者了解不断出现的新学科、新成果。④利用期刊开展国际交流,可以获得更多有价值的科技情报资料,使国外先进科学技术为我所用。

在科学技术领域中,期刊是提供最新情报、推动科学技术发展的必不可少的信息源。各国都十分重视利用期刊获得国外先进技术。

美国国会图书馆曾经设立专门机构,从1100种苏联期刊和其他论文资料中滤出所需要的信息。苏联科学家在一篇论文中提出一种全新的飞机外形设想,美国空军按此构想进行风洞测试,发现这种设计能大大提高飞机的性能,就在自己的战斗机设计中加以运用。[①] 美国的凯泽铅公司摘录的有关有色金属冶金的全部文章中,将近一半来自苏联刊物。

苏联国家科学技术委员会每年收集150万份西方国家的期刊。这些期刊都经过专家们精心筛选。其中美国的《航空与空间技术》周刊每周有几十份用飞机直接由美国运往苏联,并立即译成俄文。[②]

在教学工作中,期刊可以丰富教学内容,教师利用期刊获得最新信息,更新教学内容,提高教学水平,同时,它也是学生重要的课外阅读资料,可开拓学生视野,扩大知识面,培养学生科研能力。

据吉林省图书馆研究辅导部1981年6月到12月对吉林省8538名各类型读者调查统计,科技人员和教师利用期刊的人数比例最大,高于图书和其他类型文献。

三、社会教育作用

期刊的社会教育作用也是十分显著的。许多刊物出版的目的

---

① 摘自《世界经济导报》1985年7月22日第九版:"美国一直注意利用苏联先进技术"一文。

② 摘自《世界之窗》1986年第6期第129—137页:"《永别》绝密文件"。

就是指导自学,配合各类职业教育和业余教育。

近年来我国出现刊授教育的方式,这是一种尝试。一般由某一期刊,例如《学英语》《世界语学习》等招收刊授学员,来用刊授和面授辅导等形式实施教学。有的地方成立了刊授大学,例如中国电影艺术研究中心与山西刊授大学联合创办中国电影刊授学院,已有一期学员毕业。虽然刊授教育还有待进一步发展,其效果还有待调查总结,但通过刊授培养专业人才无疑是适应社会发展需要的。

此外,在厂矿企业中,一些技术刊物还是职工学习技术、改善经营管理的教材。例如鞍钢齐大山选矿厂一老工人订阅了《机械工人》等10种期刊,刻苦学习,写出技术论文,并搞出几项技术革新,创造价值3万元。江西万年县一位个体医生,自1971年起订阅医学报刊,分科分类摘抄,到1985年底摘抄文章11万字,一些文章的提法在临床实践中得以应用,使他从一个高中毕业生成为能治疗疑难病症的乡村医生。

据吉林省图书馆调查统计,1981年下半年工人读者借阅期刊的数字高于其他文献类型,占50%。其他类型读者利用期刊的人数也居于利用其他文献人数之首。

四、在日常生活中的作用

在日常生活中,期刊是人们的重要精神食粮。据美国时代明镜出版公司调查,一般美国读者平均每个星期用4小时阅读期刊。美国每年出版期刊在1万种以上,与美国拥有广大期刊读者有密切关系,许多期刊都有上百页的篇幅,但它们仍拥有大量读者。

在我国,期刊的读者数量也是极为可观的,"文革"期间我国曾经历过全年正式出版期刊仅20多种的岁月,当一些文艺期刊在"文革"后复刊时,立即被抢购一空,说明期刊在人们日常生活中的重要作用。期刊工作者必须重视这方面的作用,加强期刊阅读辅导工作。

五、期刊在图书情报工作中的地位和作用

期刊出版工作的发展,对图书情报部门影响最大,使它们的管理工作和服务工作不断发生着深刻变化。

首先是藏书的变化,期刊入藏量较图书入藏量增长快,因此图书馆藏书中,期刊所占比重越来越大,这种情况国内外都存在。

北京图书馆1980、1981年书刊入藏情况如下表:

年份	文献类型	年入藏量	占总入藏量	与上一年比较
1980	图书	66196 种/137264 册	32%	+11.4%
1981	图书	71060 种/136492 册	31%	-0.5%
1980	期刊	20103 种/249669 册	58%	+18.7%
1981	期刊	22890 种/267155 册	61%	+7%

从上表中可看到该馆期刊年入藏量超过文献总入藏量的50%。

根据美国国家教育统计中心(NCES)1982年底对全国3326所高等学校图书馆的调查统计,它们在书刊入藏方面有如下变化:

学年度	文献类型	年入藏量	两年度增减情况
1978—79	图　书	14405 千种/21460 千册	
1981—82	图　书	12735 千种/19507 千册	-11.6%与9.1%
1978—79	期　刊	4794 千种	
1981—82	期　刊	4890 千种	+3%
1978—79	缩微图书	3275 千种	
1981—82	缩微图书	3054 千种	-6.3%
1978—79	缩微期刊	282 千种	
1981—82	缩微期刊	430 千种	+52.5%

从上表中可看到,期刊的入藏量仍在增加。

我国情报部门以入藏期刊和资料为主,期刊入藏明显多于图

书。据中国科学技术情报研究所介绍,该所到1987年9月止,馆藏资料478万册(份),其中国外科技期刊150万册,国内科技期刊31万册,中外科技期刊占馆藏资料量37.7%,数量上大大高于其他类型科技文献。

其次是书刊流通情况的变化。据全美高校图书馆1979—1982年统计,图书利用率1982年较1979年增长0.4%,期刊、学报和会议文献等利用率同期增长64.8%,仅1982年春,学报每周借阅量逾160万件次。[①]

英国图书馆出借部到1977年4月,收到期刊48750种,目前已达5万种。该部出借或复制的出版物中,90%是期刊。

西德汉诺威大学图书馆入藏80万册图书(缩微胶片和学位论文等除外),15000种以上现期期刊,其中期刊出借量为全部书刊出借量的80%。

在我国,期刊的流通量包括外借、阅览、复印等方面,其总和也大大超过图书流通量。尤其是期刊复制量很大,约占图书情报部门文献复制量一半以上。

在图书情报部门中,期刊增加迅速,整理加工较图书复杂,工作量大,流通量大,加上印刷本开本大,在书库中所占面积也大。这些因素直接影响图书馆和情报部门的工作。

期刊的入藏量与流通量的变化,必然引起图书馆工作组织的变化。美国于1973年开始设置美国期刊外借图书馆(US National Lending Library for Journal),后又成立全国期刊中心(NPC),进行期刊的收集,并负责向美国各部门提供期刊的复制服务工作,服务对象主要是全国所有的图书馆。

---

① 以上全美高校图书馆有关数字见《美国高校图书馆三年来的变化——1979—1982年度经费、馆员、藏书及其利用变化概况》,刘学和译,大学图书馆通讯,1985年第3期第29—31页。

除了成立专门的期刊图书馆或服务机构外,不少图书馆相继成立期刊部(或组),专门进行期刊的收集、整理加工和服务工作。

此外,由于期刊的作用越来越大,图书馆的期刊工作不但从组织机构方面进一步加强,而且工作的内容与方法也在相应地发生变化,有关期刊工作的讨论正逐步开展,图书馆学教育中也根据实际工作需要而增加期刊工作的课程。这种情况在我国近年来发展较快,说明期刊的发展对图书馆界产生着巨大的影响。

第三节　期刊的产生与发展

一、期刊的起源与发展史

期刊又叫杂志(Periodical, Journal, Serials)。它是记录和报道科学技术、政治和文化等领域的活动和发展的一种出版物类型,是传布和交流科学文化成就的手段之一。

图书的产生可上溯到 2000 多年以前,期刊却只有 300 多年历史。但是,无论从数量上,内容和形式上,期刊的发展速度都是很快的。

1665 年 1 月 5 日,法国戴·萨罗(Denys de Sallo)在巴黎创办了世界上第一种期刊——《学者杂志》(Journal des Savants, 1665—1938 年)。当时创办的目的,是为了"满足好奇心和不用花费多大气力就能学到东西"。期刊的内容既有欧洲出版消息,也有物理、化学、不寻常的发明等。真正用于学术交流的第一本科技期刊,则是英国皇家学会亨利·奥尔登伯格(Henry Oldenburg)等人于 1665 年 3 月 6 日创办的英国皇家学会汇刊《理学汇刊》(Philosophical Transactions)(1665—)。该刊是用来记录学会成员所做的实验,发表与欧洲同行之间通信的消息等。该刊现改名为

《伦敦皇家学会哲学汇刊》(Philosophical Transactions of the Royal Society of London)，继续出版。

期刊产生于欧洲出现学会以后的十七世纪中叶，而且一开始就以学会汇刊形式出现。期刊是作为人们，尤其是科学工作者之间的通信手段而出现的。它是科学技术发展的文字记载，又是传播一次情报和二次情报的媒介，并能给予作者、编者、出版者以一定的社会地位。期刊的出版数量及其内容，与科学技术的发展息息相关。

早期的期刊以人文学科期刊为主，科技期刊只占较小部分。随着经济的发展，以工业化和经济发展为基础的科学技术和科研项目大大增加，科技人员的活动频繁，学术论文激增，加上高速度低成本的印刷技术的发展，这些因素使科技期刊数量激增。

据英国《世界科学期刊目录》(World List of Scientific Periodicals)统计：1921 年科技期刊只有 24028 种，1960 年已达 59961 种。40 年间增长数大大超过科技期刊产生以来 256 年的总和，有人估计目前世界上的科技期刊已达 10 万种。

初期的期刊多为综合性的，只收录一次文献。后来随着科学发展，学科分工越来越细，陆续出现了各种专业期刊。第一本医学期刊《柳叶刀》(Lancet)创办于 1823 年。到二十世纪 70 年代，由于医学的发展和国际学术交流活动增多，全世界每年出版的医学期刊已达 6000—9000 种，并出现专门研究放射学、心血管、癌、糖尿病等专业期刊。

有的期刊创刊时只是单一的综合性刊物，后来随着学科发展，期刊变为分辑出版，即所谓"一刊增殖"。例如《美国机械工程师协会汇刊》(Transactions of the American Society of Mechanical Engineers)，1878 年创刊时是综合性刊物，内容包括应用力学、材料科学、机械等方面。1959 年，该刊开始分辑出版，到 1974 年已由一种刊物变为 9 种刊物：A 辑——动力工程杂志；B 辑——工业工程杂志;C 辑——传热杂志;E 辑——应用力学杂志;F 辑——润滑技术杂志;G 辑——动态系统、计测与控制杂志;H 辑——工程材料与工艺杂志,I 辑——流体工程杂志;J 辑——压力容器工艺杂志。

世界上第一种文摘期刊德文《化学文摘》(Chemisches Zentralblatt)创刊于 1830 年。由于科技文献的大量增长,读者需要以最少的时间去及时地全面地了解各专业文献的最新情况,于是产生了"文摘"这种类型的刊物,而且出版数量增长很快,尤其是二十世纪 60 年代以后,电子计算机检索的研究更促使检索类刊物的发展。据不完全统计,60 年代前期各国出版的文摘、索引和附有文摘的检索类期刊有 1885 种,目前这类期刊已不下 4000 种之多。

期刊的发展受各国政治、经济发展影响很大。我国自己创办的最早的科学期刊是《格致新闻》(1898 创刊) 和《亚泉杂志》(1900 年创刊)。由于旧中国经济和科学技术落后,直至解放前夕,除一部分大学学报外(其中大部分是人文学科),科技期刊只有三、四十种。解放后,随着国民经济和科学技术的发展,我国科技期刊逐年增加。1958 年公开发行 317 种;至 1987 年,科技期刊出版量已超过 4000 种。

日本第一种期刊——《西洋杂志》创刊于 1867 年。比西欧晚 200 年,但明治维新后,日本期刊以平均每年创刊 30—40 种的速度增加。第二次世界大战时,由于出版活动受到严格的战时管制,人力和纸张十分缺乏,运输能力锐减,出版和印刷机构受到战火的破坏,日本的期刊发展受到很大影响。1930—1940 年间,科技期刊增加数仅为 278 种。每年平均增长不到 20 种。1945 年以后,经过短时期恢复,期刊增长迅速。1945—1954 年间,科技期刊增加数为 1809 种,平均每年增长 180 种之多。据 1972 年出版的《日本杂志总览》统计,当时日本各类期刊有 12969 种(不包括各行业出版的小报和一般的报纸),出版量仅次于美国和西德,居世界第三位。

二、中国期刊的起源与发展

1. 中国期刊的起源。

中国是一个文明古国。早在公元前十四世纪，中国已有文字。公元七、八世纪，中国已发明雕版印刷，而活字版的发明，较欧洲的谷登堡（Johann Gutenberg，约1397—1468年）早400余年。汉朝出版的供宫廷看的手抄本报纸——《邸钞》，是中外公认的世界上最早的报纸，它较欧洲报纸早出现1000多年。清朝以后又出版了《宫门钞》、《开元杂报》等。从清朝开始，人们就将一些消息的报道按时间刊行，形成了期刊的雏形。

然而，中国期刊的出现较欧洲晚一个半世纪。第一份中文期刊是1815年英国人马礼逊（Robert Marrison）在马六甲创办的《察世俗每月统计传》。在中国最早创办的中文期刊是1833年广州出版的《东西洋考每月统计传》。后来，陆续出版了《万国公报》、《六合丛谈》、《益智新录》、《天下新闻》、《中外杂志》等约20种期刊。这些期刊均为外国人主办。

2. 中国近代期刊发展概况。

尽管我国在全世界最早出版了报纸，尽管我国最早发明了印刷术，而且在明朝崇祯年间已开始用活字排印《邸报》，但由于封建思想禁锢，经济和科学技术落后，使我国期刊的出现不但比西欧晚，而且发展缓慢。从1833年到辛亥革命近80年间，我国期刊仅出版200种左右。其中比较著名的有维新派康有为、梁启超主办，北京强学会出版的《中外纪闻》（1895年创刊）；梁启超任主笔，上海强学分会出版的旬刊《时务报》（1896年创刊）。上海商务印书馆出版的《东方杂志》（1904—1949年）是我国自有期刊以来寿命最长的一种。

辛亥革命推翻了数千年封建王朝的统治，使中国人民的思想与文化生活发生了巨大变化,马克思主义与其他思潮在中国出现,国外社会科学著作的大量翻译,使中国期刊的发展有了量与质的飞跃。至"五四"运动前后,《新青年》月刊等反映当时思想与文化的各种期刊纷纷创立,著名的有宣传共产主义的《湘江评论》周刊、《共产党月刊》、《少年》月刊、《劳动周刊》、《劳动者周刊》、《劳动音周刊》、《劳动声》、《向导》周刊和《敬业》等;宣传新文化运动的《每周评论》、《武汉评论》,以及《少年中国》、《浙江新潮》、《新生活》等。1919—1923年,革命刊物与进步刊物创刊数达70种。此外,还有孙中山亲自写发刊词的《国民》、梁启超主办的《大中华》等也纷纷出现。当时的学术性期刊有《科学》(1915年创刊)、《清华学报》(1915年创刊)、《北京大学月刊》(1919年创刊)、《史地学报》(1921年创刊)、《自然界》(1926年创刊)等。据统计,1919—1927年全国期刊出版量达526种,其中革命刊物及进步刊物占224种。

"七七"事变前夕的1936年,我国报刊出版事业达到了一个高峰。根据《全国报馆社调查表》统计,1936年我国报刊出版发行情况如下:

报纸633种	总发行量	130459万份
期刊1271种	总发行量	3584万册

1927—1937年间,革命刊物和进步刊物创刊数达460种,其中"左联"等进步社团刊物占114种。

抗日战争和解放战争的长期战乱,加上国民党当局的查禁,使我国期刊出版事业受到严重摧残。但是,这时期创刊的革命刊物和进步刊物仍达900多种。这些刊物大多是冲破各种阻力,克服各种困难,在没有新型印刷机,缺乏纸张的情况下出版的,成为宣传革命道理,教育人民团结对敌的有力武器。

3. 我国近年来期刊发展的概况。

自1978年以来,我国期刊的出版发展迅速,当然也存在一些问题。

(1)期刊出版量增长迅速。

我国 50 年代以来期刊的出版工作曾出现几次大的起伏,但是自 1978 年起,期刊出版的种数每年以 400－800 种的幅度增加,大大超过日本第二次世界大战后期刊出版年增长数量。(参见下图、下表)

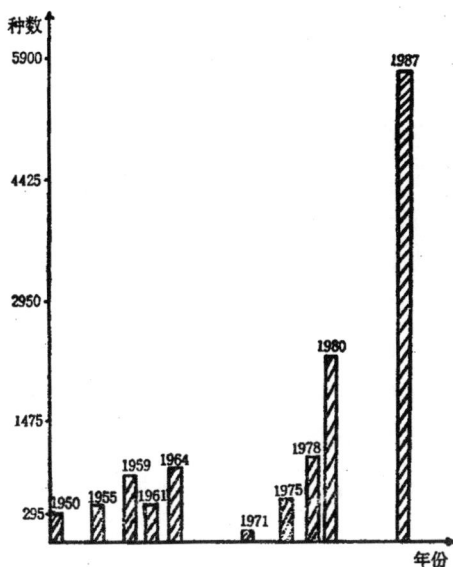

1950—1987 年我国期刊出版种数示意图

80 年代以来我国各类期刊增长情况统计表

种数 \ 年份 \ 类别	1980	1981	1982	1983	1984	1985	1986	1987
哲学、社会科学	210	288	346	432	529	791	966	1127
文化教育	179	259	306	318	372	471	564	632
文学艺术	265	437	451	479	510	639	676	694
科学技术	1384	1582	1745	1928	2120	2437	2684	2877

19

（2）刊物内容与出版形式的变化。

随着我国政治经济生活的变化，读者对期刊的需求情况也发生了很大改变。首先是农村读者对期刊的需求量迅速增加，据新华社1984年2月20日报道，我国县和县以下乡镇订阅报刊总量连年超过城市，占全国订阅量60%。因此，近年来面向农村的刊物不断增加，例如以农民为对象的农村综合性期刊《新村》（吉林人民出版社出版），积极报道农民致富经验，传授农业知识、文化知识，进行道德教育、法制宣传等，受到广大农民欢迎，创刊五年，发行量达60万册。面向农村的《农业画报》、《农业青年》、《垦春泥》、《北京农业》、《农村科学》等，也都深受农民欢迎。《江淮论坛》还主办了多数由农民写稿，供农民阅读的刊物《专业户》月刊。据统计，《农民文摘》1987年平均每期印数达133.5万册，居全国性刊物印数的第四位。

在我国出版的刊物中，科学技术类期刊一直占很大比重。自1978年以来，该类刊物成倍增长，其原因是学术团体主要是学会纷纷开展各种学术活动，信息交流大大加强。此外，高等院校，各工矿企业和科研部门也十分重视学术刊物的出版。

据统计，"文革"前，中国科协所属全国性学会、协会、研究会出版刊物仅94种，1981年增至226种，1985年达到325种。

我国高等学校共1000多所，大学学报创刊量大增，尤其是1983—1984年，研究生学报纷纷创刊，例如，中国科学院研究生院和中国科技大学研究生院合办的《研究生院学报》、《华中工学院研究生学报》等，都在这个时期创刊。此外，师范院校的学报在这时期也大量出现。据统计，1978—1982年，仅教育部属的12所综合性大学学报发表学术论文就有6300篇，其中社会科学4000篇，自然科学2300篇。

工矿企业和科研部门也创办了许多科技刊物，期刊内容比较重视解决工农业生产中出现的实际问题,研究对象明确具体,例如古建园林技术、珍珠岩、调味品、柑桔、养兔、集成电路等方面都有期刊,飞碟、人体特异功能研究的刊物也相继创刊。

社会科学领域中许多学科的研究得到发展,各学科都有期刊问世。据统计,经济类期刊 1979 年只有 20 种,到 1987 年公开发行的就有 187 种。[1] 文学艺术类刊物已由 1979 年的 245 种,增至 1987 年的 694 种,增长 2.8 倍,其中大量的是文学刊物。近年来一些质量较高的文艺期刊已引起国内外的重视。例如《民间文学》办刊已有 30 年历史,目前每期已发行 30 万册,发行远至日、美、法、德、荷兰等国。省、市一级出版的民间文学报刊已达 30 多种,发行量近 1000 万册。

为适应不同读者群的需要,我国期刊的出版形式发生很大变化。少数民族语文刊物和外文版期刊增长迅速,维吾尔、蒙、藏、朝鲜、哈萨克等民族都有本民族语言的刊物。

1985 年 11 月,国内第一家盲童读物——《中国盲童文学》创刊,双月刊,用盲文印刷出版,免费向全国各地盲童学校赠送。

为加强国内外情报交流,引进国外技术,翻译类和情报刊物近年来发展很快。医学、农业、玻璃、印染、交流、地质矿产等专业都出版译丛,还有专门报道苏联中亚地区科技动态的刊物。国内情报刊物包括各地区出版的综合性刊物,以及化工、轻工、交通、农业、机械、兵工等各专业性刊物。此外,《专利文献通报》的非金属加工、通信、信息存贮、冷藏、干燥等 10 多个分册也于 1984 年创刊。

面向不同职业、爱好、性别、年龄的读者而创办的刊物,是近年来我国期刊发展的又一特征。例如《中国老年》、《中国连环画》、

---

[1]　引自吴向东、赵毓芬:重要的文献资料工作——期刊工作,《津图学刊》1987 年第 2 期第 58—65,96 页。

辅助自学的刊物,以及《中国大学生》、《女子世界》、《男子汉》、《大男大女》、《群言》等。

我国期刊发展的多样化,无疑会给图书馆期刊的订购、分类、宣传报道和指导阅读等工作带来一系列新课题。

(3)期刊出版工作受到重视。

无论是政府部门还是出版界,都十分重视期刊的出版工作。

1987年7月国家新闻出版署成立,并设有期刊管理局,负责期刊的出版审批等业务。

自1978年以来,政府有关部门曾多次发布文件,对期刊出版发行工作,包括期刊的价格、期刊的经营管理等作出了一系列规定,以保证期刊的出版发行工作的顺利开展。为了保证专业性强、印数少的学术期刊和少数民族刊物的出版,政府在财政上给予补贴。例如,科学出版社1986年出版各种学术刊物亏损133万元,均由国家给予补贴。

为了提高期刊的质量,全国性和地方性自然科学学术期刊编辑协会、全军医学期刊编辑学会等学术团体相继成立,经常开展期刊编辑研讨活动。在这方面,中国科技情报编辑委员会做了大量工作,召开了多次会议,交流经验,努力提高科技检索刊物的质量。1988年6月举行的中南地区社会科学学术理论期刊编辑研讨会上,集中讨论了当前社会科学学术刊物编辑工作的问题,如社科学术刊物的前途,编辑工作的自身建设,以及如何提高刊物质量等问题。为了提高文学期刊的质量,陕西、吉林、浙江等省有关部门,以及一些文学期刊编辑出版部门经常召开期刊编辑出版会议,探讨新时期文学刊物的社会效益和经济效益,编辑工作的职责、地位和作用等问题。

为了使期刊出版标准化,1982年国家公布国家标准《GB3179-82科技学术期刊编排规则》、《GB3259-82中文书刊名称汉语拼音拼写法》,1983年公布《GB3468-83检索期刊编辑总则》。国家标准的公布和实施,使长期以来期刊编排格式五花八门的局面得以扭转,有利于期刊的管理与利用。

(4)存在的问题。

①期刊出版学科门类还不完备,不少学科还没有专门性刊物。较突出的问题是面向农村、符合农民需要的期刊还很不够。据统计,目前适合农村需要的刊物只有 120 多种,仅占期刊总数 3.5%。少年儿童刊物也很少,1987 年只出版 72 种,远远不能适应少年儿童的阅读需要。相反,一些粗制滥造、质量低劣的刊物曾一度大量出现。

此外,各地区期刊出版数量与质量很不平衡。北京地区 1985 年出版报刊多达 1800 多种,其次是上海,出版期刊近 500 种,其他省市出版量多者二、三百种,少者不足 100 种。

②由于纸张、印刷费、发行费价格增长幅度较大,造成期刊价格上涨过快,1988、1989 年,许多刊物售价都在成倍增长,期刊价格上涨直接影响刊物的发行量,也影响图书情报部门的订购工作。而刊物发行量减少,造成经济亏损,使一些刊物难以为继。据有人统计,1985 年学术期刊亏损总额高达 600 万元。除了经费问题外,印刷出版也存在问题,科技界发出呼吁,要求全社会都来重视学术期刊的出版、发行工作。

③期刊的发行渠道存在问题。过去主要通过邮局发行,近年来期刊发展迅速,使邮局发行工作压力很大,不得不采取一些限制性措施,例如发行份数、发行费率的最低限额等。期刊承受的经济压力加大,同时造成发行渠道不通,订数减少,影响了学术交流。为缓解邮政部门的紧张状况,国家新闻出版署提出要"建立和发展开放式的充满活力的发行体制,……推广横向联合,发展群体优势",从此,期刊出现了自办发行、联合征订发行等形式。自办发行可减少流通环节,加快刊物的传递周期。但自办发行工作应如何加强经营管理,还需不断探索。

综上所述，我国期刊出版工作自 1978 年以来发展迅速，数量增长，质量不断提高。1986 年，我国正式加入国际连续出版物数据系统（ISDS），北京图书馆作为我国 ISDS 中心，负责我国期刊国际标准期刊号码（ISSN）的登记编号工作。这项工作的开展，将使我国期刊工作与世界各国取得更经济的联络手段，在图书馆工作中，起到简化馆际互借系统，查索期刊和催补缺期等作用。

4. 关于台湾、港澳期刊出版情况。

1950 年以前，台湾仅出版期刊 40 多种，1950 年为 144 种，1958 年 675 种，1959—1968 年为调整阶段，据 1970 年台湾"中央图书馆"统计，到 1969 年 10 月底，台湾出版中西文期刊 989 种，内容包括哲学、社会科学、人文科学和科技各类。

1977 年郑恒雄编撰的《全国杂志指南》中，共收入 1977 年 4 月为止台湾出版的中西文期刊 1600 种，附录影印期刊 154 种，停刊 218 种。

联合国教科文组织的《统计年鉴》数字表明，台湾 80 年代期刊出版工作有较大发展，自 1979—1985 年，平均每年增加 183 种，刊物内容多属财经、工商及其他社会科学门类。

据 1985 年 4 月香港记者回答胡耀邦同志提问时说，香港当时有期刊 400 多种。香港出版的学术性刊物不多，多为通俗刊物。

三、国外期刊的现状和未来

1. 数量与内容。

对于目前全世界期刊的出版量众说不一。据联合国 1983 年《统计年鉴》统计，1983 年世界上 125 个国家共出版期刊 175975 种。由于期刊的创刊、停刊、合并、复刊等现象频繁发生，因此不可能有一个很准确的数字。

全面分析期刊的现状，可以看出当今期刊出版有如下特点：

①世界期刊出版量大，但是分布很不均衡。以世界各地的期

刊出版量比较,美国、比利时、日本、法国、印度等国家每年出版期刊均在 1 万种以上。中国、加拿大、荷兰、意大利、瑞士、苏联等国也各有期刊 3—5 千种不等。可是整个非洲大陆期刊出版量,本世纪 60 年代、70 年代初仅为 2764 种,出版量超过 100 种的仅有 9 个国家。

②期刊编辑出版工作走向标准化。国际标准化组织第 46 技术委员会(ISO TC46)已制订一些标准。例如:《ISO – 8 文献工作—期刊的编排格式》、《ISO – 18 期刊的目次表》、《ISO – R215 期刊论文编撰格式》等。

③期刊内容交叉、重复。由于现代科学技术发展迅速,人们探索自然的课题越来越广泛,学科越分越细,不可避免地出现研究课题重复、内容交叉等现象。反映在期刊出版事业中,也不可避免地发生内容交叉重复的现象。

④价格上涨。美国 1982 年期刊价格平均较 1981 年上涨 14.5%,1985 年有的学科门类期刊(如新闻学)上涨达 17.4%,普遍上涨 7—10%。英国期刊价格五年翻一番。

目前期刊的出版工作与读者的要求存在不少矛盾。首先是期刊论文量的增长使读者无法用较少的时间全面阅读本学科或专业的文献。其次是期刊内容杂,而读者的需要则往往只限于某一学科或某一门类的期刊,这样一来,期刊的其他文章对某一读者将是无用的。因此,订购一种期刊既增加读者的费用,也增加贮藏的空间。其三是期刊的内容广泛,篇幅长,不可避免地影响出版的速度。一篇文章从送稿件到出版,需要三个月到两年时间,这对于读者尽快利用新情报来说是矛盾的。

2.出版方式。

为了使期刊出版工作适应时代的变化和读者的需要,目前已出现各种新的出版方式,一些国家正进行各种试验。例如:"双版制",就是将一种期刊每期出版两种版本,一种(Part S)称为"摘要版"(Synopsis)，用普通铅印形式刊登论文的提要，这种提要较文摘详细，并有必要的图表和引用文献。这种期刊英国称为"Synopsis Journal"，美国则称为"Synoptics Journal"。另一种（part M）称为"缩印版"(Miniprint)，系将作者的打字原稿缩印出版，采用双联页，每页可缩印原稿18页。两种版本同时发行，但一般读者个人只订购"摘要版"，图书馆则收藏"缩印版"并负责向要求阅读原文的读者借出或复制原文。这种出版方式可节省读者的阅读时间，减少订购费用，节约贮藏空间，节省纸张和排版铅印费。但是这种方式对国外读者效果如何，尚待研究。"摘要版"已于1977年1月问世，是由英国、法国、西德三国化学会联合创办的月刊《化学研究杂志》(Journal of Chemica Research)试行的。

有人主张首先出版每期期刊的文摘，过一定时间后，如有足够的读者需要，再编印期刊文章的全文；也有人认为最好的解决办法是电子计算机存贮和检索，采用联机服务。美国已于1960年开始出现联机资料库。

从1900年到现在，全世界新刊每年平均增加1000种左右，因此，压缩篇幅，减少费用，加快出版速度是目前国外期刊出版工作的中心论题。有人已试将期刊全文输入电子计算机存贮，然后出版期刊篇名近期目录，读者可根据需要向出版单位索取原文。今后随着电子计算机、缩微技术等在期刊出版工作中的应用，使期刊在内容和形式方面都将面临着一些质的变化。在美国科学基金会的赞助下，美国化学学会、物理学会等都在进行各种试验。例如：将一次文献期刊和二次文献期刊统一起来出版，采用电子计算机降低成本和加快速度，大大减少期刊论文的编目问题。这些试验将促进期刊出版事业不断发展。

目前国外一些专家很赞赏期刊的计算机化和电子化，其中包括美国情报学家兰开斯特(F. W. Lancaster)，英国培加蒙董事长马克斯韦尔(R. ax Well)、苏联列别捷夫(T. A. Лебедев)等，他们认为未来的 10—15 年将进入无纸情报系统阶段,一些重要刊物不再出版印刷本。他们的预言并非妄想。事实上在美国,电子期刊正以各种形式出现:

①计算机可读磁带自 70 年代末期以来,各种大型二次文献期刊均有发行,1984 年出版适用于微型计算机的专集版、分集版磁带,《生物学文摘》、《医学文献联机》等均有上述磁带出版;

②利用计算机机读数据库存贮并提供期刊全文咨询服务,例如美国化学会可提供 18 种核心期刊的 2.7 万篇文章全文;

③软磁盘(Floppy Disk)、密集光盘型只读存储器(CDROM)、激光视盘(Laser Videodise)等新技术和现代化手段的采用,出现了上述各种形式的期刊;

④美国国家基金会资助建立的电子信息交流系统(Electronic informational exchange system)的任何会员既可在系统内发表文章,又可查询、订阅该系统的刊物和文章,作者之间也可利用终端交换意见。

但是,真正实现“无纸情报系统阶段”并非 10 年、20 年能达到,因为电子期刊或计算机化期刊需要具备一定的条件:

①大功率计算机和大容量存储器;

②计算机终端设备大量生产,而且价格便宜;

④检索十分方便,检索费用低廉。

以上条件目前尚难以具备。但电子期刊和计算机化期刊具有存贮量大、节省空间、检索迅速等优点,它们有着广阔的发展前景。

第四节　期刊的类型

期刊可以按照不同划分标准,划分为不同类型,各类型期刊有其不同的特点。掌握期刊不同类型的特点,对于评价和选择期刊,加工和利用期刊,都是十分重要的。这是期刊工作人员必须掌握的基本知识。

一、以报道内容及读者对象分

1.学术性、技术性期刊。

学术性、技术性期刊在各类型期刊中,出版数量最大,是读者最需要的刊物,也是图书情报部门收藏和利用的重点。目前图书情报部门中讨论最多的,也是这类刊物的收集、加工和利用问题。

学术性、技术性期刊包括哲学、社会科学、自然科学和应用技术类期刊。

学术期刊中刊登的文章大多数是有关学科的学术论文。科学工作者们通过刊物进行思想交流和新理论的探讨,开展学术讨论。刊物中报道的有关学科的水平动态、发展趋势,科研工作的组织措施或管理方法,均可为领导部门在制订政策时提供科学依据。此外,还可以通过这类刊物发现和培养人才。因此,中国科学技术协会成立了中国自然科学期刊编辑工作者协会,1987年3月4日在北京又成立了中国科学技术期刊编辑学会,专门研究、讨论学术期刊的编辑出版问题。

我国的学术刊物近年来发展是迅速的。我国第一种学术性期刊《科学》(胡明复等创办,杨杏佛任首任主编)于1915年创刊。在最初的30多年里,学术期刊发展缓慢,至1949年自然科学期刊仅有三、四十种。从50年代开始,随着新兴学科的出现,学术论文增加,学术期刊才有较大发展,到1958年自然科学期刊多达104种。“文革”十年学术期刊备受摧残,至1972年一些学术期刊才逐渐复刊。进入80年代以后,学术期刊获得迅速发展。哲学、社会科学、科学技术期刊由1980年的1594种,发展到1987年的4004种,八年来出版种数增加一倍多。

从历年期刊出版情况来看,学术性、技术性期刊的出版占期刊总种数 2/3 或更多一些。这类期刊一直是图书情报部门收集、利用的重点。因此,研究学术性、技术性期刊的特点及其收集、管理与利用是期刊工作中的重要课题。

学术性、技术性期刊按报道内容可分为以下 3 种:

①学报类期刊。学报类期刊包括各学(协)会、高等学校出版的学报,以及汇刊、会报等。在我国,中国科协所属全国性学会、协会、研究会出版的学报类期刊 1985 年达 173 种,各高等学校出版的学报数量更大,这类刊物基本上反映各学科发展的水平和动向,刊物质量比较高,颇受读者重视。

中华医学会 1983 年出版刊物 35 种,每年发行数百万册,其中 13 种为美国《医学索引》(Index Medicus)所收录,有的被收入美国《近期目次》(Current Contents),刊物中一些学术论文被国外期刊摘录发表。《中华医学杂志》由日本中国医学研究会出版日文全译本。

国外出版的学报类期刊很多,仅《外国报刊目录》收入的各国学报(Acta)近 300 种,加上汇刊、会报等,数量更大。

学报属于某一学科领域内科学研究水平的高级学术刊物,它的主要任务是发表具有相当学术价值或创造性科研成果(包括阶段性成果),探讨新理论,介绍新技术、新方法,开展学术交流。学报的主要读者对象是各学科的科研人员和高等学校教学人员。他们也是图书馆重要的服务对象,因此,学报类期刊是图书情报部门收集的重点。

②进展性刊物。学术性、技术性期刊中,有很大部分是中级专业性期刊,例如通报(Bulletin)、评论(Review)以及有关的专业期刊。这类期刊主要报道各学科或专业的科研动态,工作综述和展望,交流学术经验,介绍基础理论、实验技术或生产技术、边缘学科等。它的主要读者对象是与本学科有关的科研、教学人员和科研管理工作人员,以及工程技术人员等。这类期刊的主要任务是提

高读者的业务水平,解决科研或生产中一些技术问题,介绍新产品性能和使用方法等。这类刊物遍及各学科、各行各业和各地区。期刊名称大多直接使用专业或产品名称,例如:《物理学进展》、《中国养蜂》、《压缩机技术》、《上海针灸杂志》、《玻璃与搪瓷》等。

国外一般性理论期刊和进展性刊物出版数量也很大,例如日本的《非破坏检查》、美国的《流体力学年评》(Annual Review of Fluid Mechanics)、《胶粘剂时代》(Adhesives Age)等,都属于这类期刊。

③情报刊物。情报刊物的特点是注意信息的时效性、针对性,其内容系经过情报人员的加工(包括翻译、整理)。情报刊物经常根据发展计划(或规划)及领导部门的需要,及时提供国内外最新信息,同时注意围绕科研、生产课题,报道有关学科或专业进展及科研成果等。

情报刊物包括动态类(例如动态、简讯等)、研究类(例如述评、科技总结等)、二次文献(例如索引、文摘、科技快报等)。这类刊物或者直接报道,或者在内容和形式上经过情报工作者的加工。情报刊物的一般学科性质和读者对象比较明确,例如《印刷机械情报》、《现代外国哲学社会科学文摘》、《柑桔科技文摘》等。

国外情报刊物种类很多,其中苏联出版的种类或数量,在世界上均属领先地位,出版了大量文摘杂志(Реферативний Журна)。科技快报(Экспресс - информация)、述评(Обзорная информация)、科技汇编(Научио - технический сборник)、科技总结(Итоги науки и техники)、信号情报(Сигналъная информация 即某情报所入藏的文献目录)、书目情报(Библиографическая Информация)等。我国比较重视这些苏联期刊的出版,其中的科技总结类期刊按专业出版,较集中地反映苏联某专业一年来的发展。对于我国 50 年代和 60 年代初期大学毕业的科技人员来说,苏联的情报刊物仍然是重要的信息源。

英美各国也出版了大量二次文献,比较著名的有《化学文摘》(Chemical Abstracts)、《工程索引》(Engineering Index)、《医学索引》(Index Medicus)、《科学文摘》(Science Abstract)等。这些刊物的特点是信息量大,收录的期刊广泛,技术力量雄厚,已建立电子计算机检索系统,检索手段先进,这些刊物已成为科技文献检索的重要依据。

我国检索期刊一般分"目录"(即题录型)、"文摘"(即文摘型)和"文献通报"三种形式出版。科学技术检索期刊自1956年以来不断发展,已达100多种,形式上近年来已由题录型向文摘型发展。社会科学的检索期刊近年来也逐步创刊,目前已出版20余种,如《经济学文摘》(月刊,中国社会科学出版社出版)、《全国报刊索引(哲社版)》(上海图书馆出版)、《内部资料索引》(上海社会科学院图书馆出版)、《国外社会科学论文索引》(双月刊,中国社会科学情报研究所出版)等。

情报刊物,尤其是检索期刊,由于印数较少,成本较高,因此订价比较贵。而国外出版的检索期刊,尤其是文献型刊物的报道内容重复现象严重。60年代有人对美国11个文摘机构摘用的17000种科技期刊进行调查统计,发现其中50%是重复的,70年代调查结果,重复现象并未减少。笔者对日本《科学技术文献速报》与一些专业性文摘期刊比较,它们选用的期刊也多有重复。因此在期刊收集过程中,应注意选购。

2. 科普性期刊。

科普性期刊拥有最多的读者。这类期刊以普及科学知识为目的,具有多层次性和多学科性,刊物主要面向青少年,以学生或业余科学技术爱好者为读者对象。

许多科普性期刊不但历史悠久,而且以刊物质量上乘而闻名于世。有人认为英国的《自然界》(Nature)和美国的《科学》(Science)已从一般科普性期刊,发展成为迅速报道世界科研成果的高级通讯刊物。美国的《大众科学》(Popular Science) 1984 年下半年的月发行量达 180 万份，成为美国发行量最大的科普期刊。苏联的《知识就是力量》(Знание – сила) 50 年代已介绍到我国，在读者中影响较大。

科普性期刊的多层次性，主要在于针对不同文化水平的青少年读者的要求去出版各种刊物。美国的《发现》(Discover) 专门向大学生介绍科学新闻；日本的《科学朝日》也是提供大学生阅读的综合性科普刊物。美国的《科学与儿童》(Science and Children) 等则是儿童科普刊物。科普性期刊的内容有的介绍新兴学科或科学新进展，例如美国的《八十年代的科学》、《奥姆尼》(Omni) 等。

我国近年来科普性期刊的出版，无论是种数与发行量都有较快的发展，1986 年仅全国性学会和省市科协主办的科普性期刊已达 76 种，每期发行 1 千万份。其中，有些刊物着重于传播科学知识，介绍现代科学。例如创刊于 1933 年的《科学画报》，以中等文化程度青年为对象，图文并茂，通俗易懂；科学普及出版社出版的《现代化》以广大干部为对象，介绍新兴学科和管理科学知识；《知识就是力量》则以翻译国外近期出版的报刊中发表的科普文章作为主要内容。这些刊物发行量都很大。有些刊物侧重于普及科技知识，属于技术型科普期刊，例如《航空知识》、《无线电》、《电子世界》、《大众医学》等。《航空知识》1985 年获国际航空联合会优秀奖；《无线电》自 1955 年创刊，发行量从创刊时的 1.8 万份，发展到目前 100 多万份，成为我国电子类科普刊物中发行量最大的刊物。

科普性期刊比较注意满足不同年龄读者的需要，有适合少年儿童阅读的《少年科学画报》、《我们爱科学》等；有适合中学生阅读的《知识就是力量》等；也有面向广大青年的《青年科学》、《科学生活》等。

此外，我国有的科普性期刊侧重于介绍日常生活中有关的自然科学和社会科学知识,例如《科学与生活》、《生活科学》等。

我国科普性期刊在两个文明建设中的社会效益和经济效益是明显的,其主要表现在:①推广先进技术,促进经济建设。科普性期刊最适于推广新技术,例如向农村专业户介绍良种和饲养经验,解答技术咨询等。②传播科学知识,指导生活,例如介绍切实可行的医疗保健、饮食营养方法等。③宣传社会主义道德风尚。④提高人民的科学文化素质,克服愚昧迷信思想。

一份好的科普性期刊,应该是以介绍科学知识为主,做到高密度,大容量,一般文章短而不轻,重点文章长而不空。国外一些著名科普刊物十分注意组织有成就的科学家撰写稿件,做到刊物的内容新颖,能激发读者兴趣,适应读者要求,引导读者对某学科做深入研究。

3. 政治新闻类期刊。

这类期刊主要报道政府的方针政策,国家政治生活。它们与其他新闻媒介一样,与社会之间有着一种内在的有机联系,因而拥有广大的读者群。例如我国出版的《半月谈》,每期的发行量1984年初为350万份,1987年增至457.1万份,一直是同类期刊以及全国期刊中发行量最大的刊物。美国的《时代》周刊、《新闻周刊》及《美国新闻与世界报道》,一直是美国发行量最大的新闻杂志,每期均发行二、三百万份。

由于政治新闻类期刊具有政治上的重要意义,因此它们的出版发行受到各国政府的注意。这类期刊往往具有明显的倾向性,例如阿拉伯国家的刊物的发行经常受到政府的外交政策和思想路线的限制,审查制度较严格,刊登的外国新闻主要是关于阿拉伯世界的,其中也涉及包括美国在内的西方国家的,那是因为西方介入了中东和北非。另一方面,大多数阿拉伯国家的政府都以某种方式限制这类外国期刊的进口,例如美国的《时代》周刊和《新闻周刊》国际版,每种只有几千份进入阿拉伯国家。相反,科威特新闻部出版的《阿拉伯人》月刊,在阿拉伯地区销售量达 14 万份,为国内销售量的 10 倍。其他如贝鲁特出版的《事件》周刊,突尼斯出版的《青年非洲》周刊,开罗出版的《早安》周刊等也在国外阿拉伯地区有很好的销路。

目前,新闻类期刊正面临着有线电视新闻、各类报纸和越来越多的专业性期刊的竞争,迫使刊物的编辑不断提出新的对策,例如,既注意内容新奇、知识性、趣味性,又加强对新闻的分析和评论,注意给人以启迪。事实证明,读者对于质量高的政治新闻类刊物是信任和欢迎的。图书馆应根据读者的需求和本馆性质任务,选择入藏内容新、消息可靠、有特色的政治新闻类刊物。

4.资料性期刊。

一些期刊的内容专门向读者报道某方面学术性资料,其中包括史料、数据等,这些内容一般真实可靠,对于科研、生产能发挥很好的作用。过去我国这类期刊不多见,近年来有所增加,例如,《中国科技史料》(中国科学技术协会主办,科学普及出版社出版),刊登我国各个历史时期,特别是近代和现代科技领域中有价值的史料,包括各种重要成就实录,科学技术工作者的业绩,科技团体、机构和企业的发展史等。类似的刊物还有《中国纺织科技史资料》(北京纺织科学研究所出版)。此外,《中国地磁观测报告》(1918 年开始记录)是有关我国主要地磁台站观测结果的统计、计算年报。天文学方面的一些刊物,例如《原子时公报》也属于资料性期刊。

社会科学领域也出版了一些资料性期刊,例如《中华人民共和国全国人民代表大会常务委员会公报》、《中华人民共和国国务院公报》、《统计》、《海关统计》、《商业资料》、《新文学史料》、《民国档案》等。这些期刊刊登政府和国家公布的有关决定、法律及其他重要文件,以及有关的统计资料、调查分析报告及其他资料。

5.趣味性、消遣性期刊。

在我国,趣味性、消遣性期刊的出现和发展是近几年的事。80年代以来,大量面向各阶层读者,用以丰富人民业余精神生活的通俗性、娱乐性期刊纷纷创刊。这类刊物的内容变化大,很多文章适合读者工暇课余阅读,比较短小。目前,这类期刊偏重于文学、艺术、生活小百科、名人轶事、市场信息等内容。其读者对象十分广泛。

趣味性、消遣性期刊的经营状况一般较好,发行量大。我国1987年出版发行量最大的期刊中,这类期刊占相当数量,如《故事会》每期发行494.7万册,为各期刊发行量之首,次为《青年一代》(235.3万册)、《大众电影》(200万册)、《家庭》(255.3万册)。在法国,这类通俗性期刊出版量也很大,高达3000—4000种,其中供妇女阅读的期刊发行100多种,总发行量每月可达4500万份。

这类期刊的内容一般是健康的,可丰富读者的精神文化生活,开拓视野,增长知识。但是也应看到少数刊物经营思想不端正,内容庸俗低级,报道失实,会使辨别能力弱的青少年受到不良影响,个别人甚至走上犯罪道路。作为出版管理部门应对这类期刊加强管理,而作为图书馆工作者,应负起社会教育的责任,对读者加强阅读辅导,帮助读者选择其中质量较高的刊物,抵制荒诞离奇的刊物对青少年的影响。

二、以出版机构分

期刊的出版机构水平高低,对于刊物的质量有很大影响。不同的出版机构出版的期刊有不同的特点。

1. 学术团体期刊。

学术团体主要指国际性、全国性和地方性的学会、协会、研究院(所)。学术团体出版的刊物,一般代表该团体的学术水平,反映他们当前的研究任务和发展动向。

学术团体出版的期刊数量较大,主要用来进行学会内成员的学术交流,以及学会之间进行交换。一些著名学术团体的活动较多,经常举行各种学术会议,例如美国电气与电子工程师协会(IEEE—Institute of Electrical and Electronics Engineers)一年要召开 100 多个会议,该学会出版的会报、汇刊、杂志多达近 60 种。我国的学会、科研机构也出版相当数量的期刊。据统计,1986 年我国全国性学会主办的学术期刊有 325 种,年发行量 2800 多万册,其中 125 种与世界上 70 多个国家和地区交换。此外,各地方性学会、协会也出版大量学术刊物,例如山西省煤炭学会出版《山西煤炭》、西安能源学会出版《能源季刊》、军械维修工程学会出版《军械维修工程研究》、天津市化工学会出版《化学工业与工程》等。各地方医学会出版的学术期刊数量更多,例如《绍兴医学》、《开封医药》、《天津中医》等。各省、市、自治区建筑学会出版学术期刊也有 10 多种。

学术团体出版的期刊刊名通常是学报(Acta)、通报或公报(Bulletin, Вестник)、会志或杂志(Journal)、汇刊(Transactions)等。学报、会志和汇刊常常发表学术性较强的论文。会报除刊登学术文章外,往往有会务报道。

大学出版的学术期刊一般归入学术团体期刊的范畴。很多大学出版的学术期刊的内容、水平和形式与学术团体期刊相近。国外一些大学常常与政府、军方和大企业签订合同,承担科研任务,他们大学出版的刊物有一定的学术水平。有些大学出版数十种学术期刊。例如美国芝加哥大学出版 42 种期刊,内容包括社会科学、人文学科、教育、生物学、物理学等;英国剑桥大学出版 62 种期刊,牛津大学出版 41 种期刊。

我国大学有悠久的历史,庞大的教师队伍是我国科研工作中不可忽视的力量,其中不少大学承担国家重点科研项目,因此,我国大学出版的期刊同样能反映该校或我国某学科的学术水平与成果。我国大学出版的期刊中,以《清华学报》(1915 年创刊)创办最早。据统计,到1988年全国各大学出版的期刊多达711种,[①]每年都有不少大学学报创刊。大学的期刊一般以学报形式出版,例如《研究生院学报》(中国科学院研究生院、中国科技大学研究生院出版)、《华中工学院研究生学报》、《西藏农牧学院学报》等。这些刊物一般冠有大学的校名,但也有一些刊名以刊物涉及的学科命名,例如《复合材料学报》(北京航空学院五系出版)、《原子与分子物理学报》(成都科技大学应用物理系出版)、《中国经济问题》(厦门大学出版)等。

2. 出版社出版的期刊。

出版社出版的期刊在期刊总数中占一定比重。据《日本杂志总览》(1972年版)统计,日本出版各类期刊有12969种,出版社出版的3255种,占1/3。我国各出版社出版的期刊约占期刊出版总数1/10以上。

国外有很多出版社从事期刊出版工作。荷兰埃尔塞维尔出版公司(Elsevier)在世界各地有100多个子公司和代理店,它的期刊部出版期刊80种,科学部(即埃尔塞维尔科学出版社)出版期刊400多种。北荷兰出版公司(North – Holland)出版数学、生物科学、商业等学科期刊100多种。埃尔塞维尔出版公司还供应缩微品期刊和过刊。

英国培加蒙出版社(Pergamon)出版学术期刊350余种,牛津的布莱维尔科学出版公司(Blackwell Scientific Publications Ltd)出版期刊71种,以医学刊物为主的学术出版社(Academic Press)出版期刊69种。

苏联的科学出版社(Hayka)1982年出版学术期刊316种,都是苏联科学院和各加盟共和国科学院编辑的刊物。该出版社是苏联最大的出版社之一,出版的期刊有《苏联科学院院报》(Вестник

---

① 见《文汇报》1988年6月19日第三版。

Академии Наук）、《苏联科学院通报》（Известник Академии Наук）等。随着新兴学科的产生，该出版社陆续创办新刊，例如60年代创刊的《核物理学》（Ядерная Физика）、《经济学与数学方法》（Зкономика и математические методы），70年代创刊的《微电子学》（Микрозлектроника）、《程序设计》（Программирование）等。苏联科学出版社出版的期刊质量与水平都比较高，其中几乎半数被国外全文翻译，仅美国纽约顾问局（Consultants Bureau）一家就翻译其中的46种期刊。科学出版社对于新刊创刊选择较严格。

美国约翰·威利出版社（John Wiley & Sons' Inc.）出版的科技期刊中，约有20种受到国际科技界的重视，其中有几种获得较高的评价。

我国出版社中，以科学出版社出版期刊最多。科学出版社属中国科学院领导，主要出版自然科学领域的学术期刊，这些刊物大多是各学会编辑或主办的学报、一些中级学术期刊，以及少量科普性期刊。近年来科学出版社出版期刊数量增加迅速，1978年为48种，1981年72种，1983年105种，1985年增至114种。其中包括《中国科学》（A、B辑）、《数学学报》、《力学学报》、《声学学报》等。这些刊物反映了我国自然科学领域各学科的学术水平，受到国内外读者的重视。英国培加蒙出版社全译科学出版社出版的《天文学报》，荷兰吕韦尔集团的雷伊代尔出版公司（D. Reidel Publishing Company）与科学出版社联合出版《应用数学学报》英文版（Acta Mathematicae Applicatae Sinica）。

中国社会科学出版社主要出版社会科学领域的学术期刊，1983年出版期刊48种，包括《中国社会科学》、《世界经济》、《历史研究》、《民族研究》等；1985年出版期刊97种，包括一些内部刊物。

科学技术文献出版社也是我国出版期刊最多的出版社之一。

1983 年出版期刊 50 种,主要是检索类、译报类和研究类情报刊物,包括中国科学技术情报研究所馆藏的外文科技资料目录、其他单位编辑的国外科技资料目录、中文科技资料目录的各分册,以及一些文摘刊物等。

除上述各出版社外,上海科学技术出版社、农业出版社、民族出版社、海洋出版社、中国建筑工业出版社、上海文艺出版社等出版的期刊也比较多,都在 15 种以上。一些大学出版社,如华东师范大学出版社、华中工学院出版社等也出版 10 多种期刊。这些出版社出版的期刊主要是学术性期刊。

3. 工矿、企业出版的期刊。

在一些发达的资本主义国家,生产高度集中和发展。为了提高生产效率,推销产品,争夺市场,增加利润,不少企业厂商都出版内部刊物,以扩大宣传。这类刊物称为"内部期刊"(House Journal 或 House Magazine),也称为"内部刊物"(House Organ),日本则称为"公共关系杂志"(RR 志)或"社内报"。

国外工矿企业出版的内部刊物数量很大,美国约一万种左右。美国盖比出版社附设内部刊物图书馆,公开展览的内部刊物样本达数千种。日本出版 1500 种以上,约占日本出版期刊总数的 12%—15%。西德出版 1000 种左右;瑞典与荷兰的厂商也出版一、二百种。

国外企业内部刊物除了数量多,另一特点是品种庞杂,各行各业都有内部刊物,其读者对象也复杂,包括企业内部的领导人员、技术人员、雇员,还有经销商、顾客以及社会上、政府中的有关人员等等。

国外企业出版的内部刊物大致可分为下列几类:

①有科学技术内容的刊物。

由于大企业常常设有专业研究部门,它们除承担本企业的研究任务外,还常常承担国家交给的研究任务,因此刊物中往往报道研究人员的技术文章和研究成果。这类刊物所占比重很小,但较有参考价值,例如美国的《贝尔系统技术杂志》(The Bell System Technical Journal)、日本的《三菱电机技报》、瑞典的《瑞典通用电气公司杂志》(ASEA Journal)、荷兰的《菲利浦技术评论》(Philips Technical Review)、西德的《蒂森研究》(Thyssen Forschung)等。这类刊物有的仅供企业内部和有关方面参考,有的可赠送给国外读者以推销产品,有的则公开发行。

②宣传业务活动,报道职工生活,供顾主阅读消遣之类的刊物。

这类刊物占的比重最大,有时还使用引人注目的刊名,如美国芝加哥太平洋铁路公司出版的《火箭》(Rocket),内容以报道该公司在职和退职工人的活动为主。

③商业性行业性期刊。

这类刊物对象为顾客和经销商,用以交流同业关心的情报,其中包括售销、市场等方面的动向,也包括生产技术上的动向。这类期刊为数不少,对于工程技术部门和生产部门仍有一定参考价值。

在我国,比较大的工矿企业也出版一些技术期刊,其中以冶金、金属工艺和金属加工、机械、仪表工业、电工技术、电子学、电讯技术等行业的工厂企业较多。我国不少工矿企业都建立研究所(室)、技术科、技术情报室等机构,由它们编辑出版技术期刊。例如武汉钢铁公司出版的《武钢译丛》、《武钢技术》,洛阳轴承厂出版的《轴承技术》,北京广播器材厂出版的《广播与电视》等。这类刊物的特点是:①一般用来进行内部技术交流,非卖品;②根据本单位生产需要组织稿件,因此比较结合实际,能解决生产中的问题;③期刊内容包括技术革新、经验总结、问题讨论、译文、消息报道等,比较生动活泼,其中也有不少理论性较强的论文。

我国也有不少企业或事业单位出版院刊、厂刊一类刊物,报道单位内部职工的生产与生活,表扬与批评,普及科技知识等。这类刊物一般只供本单位内部职工阅览,且多以报纸形式出版。

4. 政府出版的期刊。

政府出版的期刊主要报道政府的公报、会议录、法律、调查报告以及其他文件。美国政府出版局(GPO)负责出版或发行美国政府所属机构的期刊,英国联邦农业局(CAB)和皇家出版局(H. M. S. O.)也出版期刊。据 1982 年《日本出版年鉴》统计,日本政府出版的期刊有 419 种,这些刊物由政府刊行物服务中心经销发行。

我国全国人民代表大会常务委员会办公厅编辑出版《中华人民共和国全国人民代表大会常务委员会公报》,报道全国人民代表大会常务委员会通过和批准的文件。国务院办公厅编辑出版《中华人民共和国国务院公报》,报道国家公布的法律和政府公开发布的决定、命令、指示、行政法规及其他重要文件。

5. 情报部门出版的期刊。

情报部门包括各级情报研究机构、情报活动中形成的情报站(网)等组织。情报部门出版的期刊除了动态性刊物、译报类刊物和大量二次文献以外,还出版情报业务刊物。

中国科学技术情报研究所是我国最大的情报机构,该所通过科学技术文献出版社出版各类情报刊物,同时组织全国有关科研、设计和情报部门出版各专业的二次文献,主要是文摘、国外科技资料目录和中文科技资料目录等,约有 150 种。中国社会科学情报研究所近年出版了《国外社会科学论文索引》等刊物。

苏联的情报机构出版的情报刊物很多。全苏科学技术情报研究所(ВИНИТИ)出版文摘杂志综合本 28 种、173 分册,单卷本 56 种,时差 3—6 个月,收录 130 个国家、66 种文字的出版物,包括 22 万多种科技期刊、1 万多种科技图书、15 万件专利,以及会议文献、标准、书评、手稿等,每年发表文摘 125 万条,是目前世界上收录范围最广的文摘杂志,其正文按苏联全国科技情报自动化分类系统

（ГАСНТИ）分类编排,有年度主题索引和作者索引。该所还出版各种专业的科技快报、述评等情报刊物。全苏专利情报研究所（ВНИИПИ）出版专利文摘杂志 130 分册,1963 年创刊的《苏联和外国专利文摘》（Изобретения в СССР и зарубежом）有 128 分册,报道时差 3 个月。全苏医学科学技术情报研究所（ВНИИМИ）出版《医学文摘》（Медицинсский Реферативный Журнал）于 1946 年创刊,1984 年出版 22 分册,时差 3—6 个月,1983 年出版文摘约 4.5 万条。苏联社会科学情报研究所（ИНИОН）的任务之一是搜集和编写国内外社会科学文献摘要,出版社会科学重点课题文献资料的文摘和书目,出版国内外文摘 16 分册,文献索引 28 分册。每年出版可供订阅的情报性出版物,包括文摘、期刊、有分析的调研报告、文献索引和论文集等约 1000 种。

应该指出,我国地方性、专业性情报机构,以及情报站(网)出版的期刊,在我国科技期刊中占一定地位。这些情报所、情报网以及情报站根据专业需要,出版了大量科技刊物,例如各地出版的动态性刊物(四川省永川地区科技情报研究所出版的《科技动态》,河南省新乡市科技情报所出版的《新乡科技情报》等);各情报网、站出版的科技交流刊物,例如江苏省机械工业锅炉科技情报网出版的《江苏锅炉》、全国调味品科技情报中心站出版的《中国调味品》等;此外,还出版一些学术刊物,如北京科技情报研究所出版《计算物理》等。

我国各地方(省、市)和各专业出版的情报刊物,对于期刊分类有很大影响,因此《〈中图法〉期刊分类表》专门设置总论复分号对此类刊物进行细分。

三、以出版形式划分

按出版形式区分,期刊可分为印刷本、缩微品、计算机可读磁带、录音磁带。

1. 印刷型期刊。

印刷型期刊是目前主要的载体形式。

印刷型期刊一般以单行本形式发行，主要为 16 开本，部分为 32 开本，个别为 8 开本。1983 年我国出版了一种卡片式期刊——《资料卡片》，该刊按卡片形式排版，16 开本，但可裁作卡片，由呼和浩特市资料卡片编辑部出版。

印刷型期刊的出版，对图书馆的期刊管理工作有很大影响。由于它们便于直接阅读，图书馆可省去特殊阅读设备，期刊库不需要严格的恒温、防尘等设施。

但是印刷型期刊必须经过零本期刊装订成合订本的工序，要花费相当多的人力物力，其中包括需要合订本的装订费，面积增长迅速的期刊库，频繁的期刊倒架工作，期刊的除尘、保护等一系列工作。此外，纸张价格不断上涨，对印刷型期刊也是严重挑战。

2. 缩微品。

缩微型期刊，包括缩微平片和缩微胶片。它们具有价格便宜、收藏空间小、便于长久保存的优点，但需配置昂贵的阅读器，期刊库的技术条件要求较高。另外，读者阅读时不如印刷型期刊方便、舒适。

3. 计算机可读磁带。

也称磁带期刊。这种载体形式主要为二次文献刊物（文摘、索引）所采用，适用于大型情报中心和图书馆购置。作为检索服务的一种现代化手段，我国已陆续向国外购买这类期刊，同时国内也在研制。

4. 盒式录音带。

盒式录音带形式的期刊目前主要在美国发行，出现于 70 年代。据调查了解，目前美国有三家医学出版社（格鲁恩与斯特拉顿公司、桑德斯公司及年鉴医学出版社）、两个学术团体（美国录音文摘协会，美国心脏病学会）出版这种类型期刊 21 种，内容都是医学方面的。此外,美国化学会出版《人与分子》(Man and Molecules),美国纽约第一花旗银行 1981 年创办了《经济之声》(Sound of Economy)。

被期刊录音的讲稿都由专家撰写,并由专职播音员录制。每种磁带一年一般供应 12—42 盒不等,且附有讲话提纲。

这种类型期刊便于人们上下班途中、旅行期间以及休息时放听,且供应及时,但存在语言问题。我国已有购进。

四、以使用文字划分

从文种角度,人们一般把期刊分为中文期刊、外文期刊和翻译期刊。

据不完全统计,世界上用于出版期刊的文字不下六、七十种。但科技期刊比较通用的文字是英文、日文、德文、法文以及俄文、西班牙文、意大利文等几种,其中英文科技文献大约占总出版量的 60%,德文、俄文各占 11%,法文占 7%,日文占 3%,西班牙文占 2%,其他文字占 8%。

英文科技文献并不都产生于英国或英语国家,一些知名出版社如"培加蒙"、"北荷兰"等出版的几百种期刊中,发表的文章大多是用英文撰写的,用德、法文发表的不多。另外在一些非英语国家如北欧、东欧、意大利和日本等许多国家,都有不少用英文出版的期刊,而且有些还属于世界主要期刊之列。例如丹麦的《结晶学报》(Acta Crystallographica,分 A,B 两辑)、日本的《日本物理学会志》(Proceedings of the Physical Society of Japan)等都是发表文献数量较多,为各国文献期刊所广泛摘用的英文版期刊。

日本和荷兰是用英文出版期刊最多的非英语国家。日本出版的 4000 多种科技期刊中,近 500 种是用英文出版的,至于日、英文混用和附有英文摘要的就更多了。荷兰科技期刊约有 1/3 用英文出版。连文字上较保守的西德,近年来也打破以往的传统,出版的期刊中夹杂英文撰写的文章。因此,有人认为出版文字集中是期刊集中化倾向中的一种表现。我国也出版英文版期刊和其他文字的期刊,例如《北京周报》、《科学通报》、《中国科学》、《中国社会科学》等。此外,还有不少学报类期刊附有英文摘要。

至于社会科学,除了国际性期刊外,一般还是以本国通用文字出版的期刊居多。

翻译期刊是指将外国期刊翻译成本国文字的期刊。翻译期刊有全译本和选译本期刊。翻译期刊始于 20 世纪 40 年代后期,当时美国和一些西欧国家开始组织力量翻译以苏联为主的、用英文以外文字发表的科技期刊。近年来法国、日本等国也开始翻译国外期刊。

据统计,截至 1970 年,西方全译苏联科技期刊有 208 种,其中美国翻译 172 种,占 83%,英国 35 种,加拿大 1 种。这些期刊公开发行,但价格很高,出版时间一般迟于原刊半年或一年。

我国出版的一些科技期刊,也被美国一些机构翻译出版。美国物理学会(American Institute of Physics)1974 年开始翻译我国《物理学报》,译名为《Chinese Physic Acta Sinica》。美国普莱努姆出版公司(Plenum publishing corp.)曾在 1973 年 11 月 19 日通过《出版商周刊》征订 1974 年中国科技期刊英文全译本 10 种,如《中华医学杂志》等,另外即将出版的还有 7 种,如《数学学报》等。该公司称,中文期刊的英文全译本在原刊出版后的六个月内可以供应。日本的中国医学研究会自我国《中华医学杂志》1973 年复刊后,即全译出版该刊。

我国也出版了一些翻译期刊,主要是选译本。根据我国科研生产需要选译一些国外期刊的文章,有时也选译一些国外其他形式文献。例如:《力学译丛》(中国科学技术情报研究所重庆分所出版);《世界科学译丛》(该刊编委会编辑出版);《煤炭译丛》,停刊 12 年后,于 1979 年复刊;《隧道译丛》,1964 年创刊,"文化大革命"中一度中断,1971 年复刊;《海洋译丛》, 1961 年创刊,1966 年停刊,1979 年 7 月复刊;《国外内燃机》,1969 年创刊,该刊编辑部编辑出版;《世界经济译丛》,1979 年创刊,中国社会科学出版社出版。

此外,还有《医学译丛》、《桥梁建设》的副刊——《国外桥梁》、《化学工程译丛》、《化工矿山译丛》、《化肥工业译丛》、《电瓷避雷器译丛》、《石油炼制译丛》、《石油勘探开发译丛》等。

除了出版选译本期刊外,我国也开始出版全译本期刊。例如1978 年创刊的《科学》期刊,就是美国期刊《Scientific American》的中译版。

可以预见,随着科技情报交流不断扩大,电子计算机翻译技术的发展,不同文种的期刊翻译出版工作必将有更大的发展。

五、以出版周期分

按其出版周期划分,期刊可分为不定期刊物和定期刊物两类。定期刊物又分为周刊、旬刊、半月刊、月刊、双月刊、季刊、半年刊等。

第二章　期刊工作的组织管理

第一节　影响图书馆期刊工作的诸因素

图书馆期刊工作的内容与过程与图书工作基本相同。但是目前不同图书馆的期刊工作的组织管理、工作的质量与水平、服务效果等差异较大。为了搞好期刊管理工作,有必要首先对影响期刊管理工作的各种因素进行分析。

一、期刊出版情况对期刊工作的影响

图书馆的经费和空间不能无限制增加,而期刊的出版无论是数量、类型、内容等方面却是日新月异,目前全世界医学期刊已多达 6000—9000 种,价格越来越高。美国每年出版物理学刊物约 150 种,订价可高达 238 多美元。此外,期刊学科内容交叉、重复和分散现象相当普遍。

期刊出版的发展趋势,要求图书馆期刊的收集和利用的各项业务工作必须经常采取相应对策,做到以有限的经费和空间满足读者最大限度的需要。

由于期刊价格不断上涨,美国图书馆订购期刊经费与书刊总经费之比,由 1950 年 35% 上升到 60%—65%,部分大学图书馆目前高达 90%。另方面,新期刊不断创刊,要求图书馆期刊收集人员不断了解新刊创刊信息并作出选择。

例如期刊收集工作中，选择期刊必须具有更强的针对性，要在每年订刊前加强期刊利用率的调查分析，做好期刊评价工作，还要注意各种形式、载体的选订。例如美国物理学期刊中，有一部分发行论文单行本、抽印本，对于这类整份期刊利用率低，而其中部分内容为读者需要的期刊，可以考虑采用削减订刊数，购买所需论文单行本的办法。

计算机联机数据库的出现，使期刊的订购工作也发生了变化。图书馆停订了一些期刊（目前主要是印刷型检索刊物），但同时增加了使用联机数据库检索这些刊物的费用，并且要求图书馆增置计算机检索系统。服务形式的改变，对于图书馆人员的知识结构也提出更高要求。

二、图书馆办馆方针、藏书情况对期刊工作的影响

在我国，不同类型图书馆由于办馆方针、藏书情况等各不相同，它们的期刊工作的工作组织和工作开展情况也不同。

我国自公共图书馆产生之初，根据当时政府有关图书馆法令规定，即以"保存国粹，造就通才，以备硕学专家研究学艺，学生士人检阅考证之用，广征博采，供人浏览"为办馆宗旨，入藏强调"内府秘笈、海内孤本、宋元旧椠、精钞之本"，以及"中国官私通行图书，海外各国图书"[1]。1939年旧中国教育部颁布的"修正图书馆规程"则明确规定图书馆应"储集各种图书与地方文献，供众阅览，并得举办各种社会教育事业，以提高文化水准。"[2]按照该规程要求，省市立公共图书馆的机构设置有：总务部、采编部、阅览部、特藏部、研究辅导部。

解放前40多年公共图书馆入藏亦以图书为主，期刊仅占很小

---

① 见台湾"中央图书馆"编印：《"中华民国"图书馆年鉴》403页。
② 见台湾"中央图书馆"编印：《"中华民国"图书馆年鉴》409—410页。

部分,一般只有几百种,数千册。例如上海市立图书馆 1947 年 6 月统计,该馆藏书 124115 册,期刊合订本仅有 2225 册,零本期刊 560 种①。只有南京图书馆、江苏省立苏州图书馆期刊超过 1000 种、10000 册。

因此,我国公共图书馆解放前都不设置期刊工作的业务部门,期刊工作分属各部(股)。

解放后公共图书馆发展很快,但统计数字表明②,截至 1979 年底,我国市级以上公共图书馆 276 所,入藏期刊 2000 种以上的有 36 所,占总数 13% ;入藏期刊 1000—2000 种的有 29 所,占总数 10.5% ;入藏期刊 1000 种以下的有 211 所,占总数 76.5% 。可以看出在公共图书馆中,期刊入藏量不及图书入藏量大,只占很小比例。

另一方面,公共图书馆的组织机构变化不大。解放后公布的图书馆法规中,无论是 1978 年 11 月 13 日公布的《省、市、自治区图书馆工作条例(试行草案)》,还是 1982 年 12 月文化部颁布的《省(自治区、市)图书馆工作条例》中,公共图书馆的业务组织机构仍是采编部、阅览部、书目参考部(或科研服务部)、图书保管部、特藏部、研究辅导部等。直至 1982 年在上述文化部颁布的条例中,才提出各馆可根据工作需要增设期刊部等。

因此,我国公共图书馆中,截至 1979 年底,仅在 4 所市级以上公共图书馆单独设立报刊工作的业务机构。期刊工作仍然按工作流程分散在采编等部门。但是各图书馆根据期刊入藏情况和读者的需要,开设了各种期刊阅览室,有的按文种设置中文(或外文)期刊阅览室;有的按学科设置社会科学(或科技)期刊阅览室;有的则按刊物到馆时间设置现刊阅览室、过刊查阅室等。

---

① 见杨宝华、韩德昌编:《中国省市图书馆概况(1919—1949)》140 页。
② 见文化部图书馆事业管理局科教处、北京图书馆图书馆学研究部编:《全国公共图书馆概况》165—365 页。

国立北平图书馆 1929 年已设立期刊部,下分设中文期刊组、西文期刊组。据 1929 年国立北平图书馆组织大纲规定,期刊部工作包括期刊的采购、整理编目、阅览与保管、装订修订等。

1933 年北平图书馆入藏期刊 1331 种、9642 册,当时根据期刊入藏情况按文种分组。

解放后,北京图书馆期刊入藏量猛增,利用率大大提高。该馆根据实际需要设立报刊资料部,下按学科设立社科期刊组、科技期刊组,负责期刊各项业务工作。

高等学校图书馆从一开始就注意期刊的收集与利用。北京大学图书馆 1923 年 9 月 30 日统计,已有中西、日文期刊 15172 册。根据《第一次中国教育年鉴》丙编所载,当时的清华大学图书馆有期刊 18701 册;金陵大学图书馆有期刊 600 种,过刊 63000 册;中山大学图书馆有中外文期刊 692 种;中央大学图书馆有中外文期刊 673 种。这些大学图书馆分别设置期刊股或期刊小册部,直接受馆长领导,从事期刊工作。

武汉大学 1936 年公布的图书馆规程中,规定图书馆设立总务、编目、订购、杂志、出纳五股,"杂志股办理调查杂志出版处及价格登记保管装订编制杂志目录及征求交换事项"①。

解放以后,高等学校图书馆发展很快。1956 年以来,教育行政部门很重视高等学校图书馆工作,要求学校校长或主管教学和科学研究工作的副校长直接领导图书馆,图书经费逐年有所增加,因此,高等学校图书馆发展很快。1947 年全国高等学校图书馆共有书刊 689 万多册,1950 年 794 万多册,1956 年暑假据 212 所高等学校统计,已增加到 3728 万余册,藏书量超过当时的公共图书馆。其中期刊的藏量也增加很快,1956 年南京大学图书馆整理的

---

① 见湖北省志《文艺志》编辑室编:《文艺志资料选辑(四)图书馆专辑》第 341 页。

中文期刊达 16 万余册,中山大学图书馆收入该校西文期刊目录的期刊达 3071 种之多。

高等学校图书馆比较注意设置期刊部(组)。早在 1956 年 12 月公布的《中华人民共和国高等学校图书馆试行条例(草案)》中规定,高校图书馆除设置采录、编目和流通管理部(组)外,并提出应根据具体情况和发展规模,逐步分设或增设期刊部(组)等。期刊部(组)的主要职责是:办理期刊的选订与补缺;进行期刊登录、陈列和推荐;搜集期刊索引;进行期刊的整理和装订准备工作;编制期刊目录;进行期刊的阅览和典藏。

1981 年 10 月 15 日教育部颁布《中华人民共和国高等学校图书馆工作条例》,再一次明确高等学校图书馆应根据需要设采编、流通阅览及期刊等部门。

近些年来,高等学校图书馆普遍设立了期刊部(组),期刊工作发展得比较快,除了注意期刊的收集、流通阅览外,很多图书馆编制期刊馆藏目录或参加期刊联合目录的编制工作,有的还根据学校性质、任务和教学需要,利用馆藏期刊编制论文索引,努力使期刊充分发挥作用。

三、读者利用期刊的情况对期刊工作的影响

读者利用期刊的情况,对期刊的订购、整理、借阅各环节有着重要影响。期刊的利用率影响期刊的订购工作,期刊的流通情况,其中包括期刊的送装订年限、开架或闭架阅览、能否出借等,影响着期刊的整理和借阅工作。

了解期刊的使用情况主要根据两方面:宏观上的根据是期刊的引文率、文摘率、载文率;而具体到每个图书馆,除对上述情况的了解外,还必须了解本馆的利用率,其中包括期刊借出情况、复制情况、馆际互借情况、读者的意见和建议等各种数字。

美国著名情报学家尤金·加菲尔德(Eugene Garfield)系统地

提出用引文索引检验文献的方法,即根据一段时期引用期刊的最大值来了解和评价期刊,这个最大值又称为引文率(Impact factor)。引文率的确定公式为:

$$引文率 = \frac{引用该刊文章的总次数}{该刊发表的文章总数}$$

用引文率评价科技期刊具有充分的可比性和可靠性。但引文年限是个多变函数,不同的国家对期刊的需要量最大的年度各有不同。此外,不同的学科、科研周期等也影响引文的时间性。

1934年,布拉德福(S. C. Bradford)提出了期刊文章的离散规律。到1948年,他在《文献工作》(Documetation)一书中介绍了他所发现的期刊中文章离散规律的最终表达定义,即某一学科的期刊可根据它们刊载该学科文章数量多少形成核心期刊及按渐减顺序排列的各区,核心期刊区(n_1)和其他区(n_2, n_3)期刊的数量可根据下列布拉德福定律计算:

$$n_1 : n_2 : n_3 : \cdots\cdots = 1 : a : a^2 : \cdots\cdots$$

式中:a为常数,n_1, n_2, n_3……分别表示核心区及各相继区的期刊数。

为了验证布拉德福定律的真实性和为它找到更严格的数学公式,布鲁科斯等人进行了大量工作。通过实验和实际经验的总结,人们认为布拉德福定律的严格实现必须具备以下条件:

①文章的领域、课题或学科应清楚划定;

②被分析的某一领域、课题或学科的期刊清单以及期刊中刊登相关文章的统计应是充分的;

③被分析的期刊的时间应清楚限定。

也就是说,学科、期刊收录的范围与时间是实现布拉德福定律的三个重要因素。而定律本身仅就期刊载文多少(载文率)来反映期刊的使用价值。

无论是加菲尔德的引文率还是布拉德福定律,都只是对期刊工作具有普遍意义的评价。对于每个具体的图书馆来说,本馆期刊的实际利用情况的分析同样是开展期刊工作的重要依据。如果说,核心期刊的鉴定是做好期刊订购工作的重要因素,那末,本馆期刊流通与复制等情况的分析,不但影响期刊的订购工作,而且可以帮助我们决定零本期刊的装订年限、期刊的剔旧与提存、期刊的宣传与利用等各方面工作的开展,用以衡量期刊工作的效果。

四、人员素质的影响

期刊工作人员由不同知识结构的人员构成。不同岗位的工作人员应具备不同的条件,有不同的要求。

期刊收集工作要求工作人员有较高的专业水平和外语水平,熟悉本馆期刊馆藏情况和利用情况,能进行期刊的评价,了解本专业期刊的出版动态。为了掌握期刊出版的最新动向并及时收集,期刊收集人员必须经常通过各种途径进行调查研究,经常与出版发行机构取得联系,而不是在订单上圈圈划划。有时为了补缺,期刊收集人员应不惜四处奔跑。此外,为了使期刊收集工作更具有针对性,加强服务效果,工作人员必须经常深入读者,广泛征求意见,不能想当然,凭主观臆断订购刊物。

期刊分类人员应当熟悉期刊分类表的结构和分类方法。期刊分类的一致性十分重要,然而由于期刊的变化而增加了工作的难度,必须掌握不断变化的期刊情况。此外,期刊内容的复杂性也给期刊分类工作带来困难。因此,期刊分类人员应积累较丰富的经验,有较高的业务水平。

期刊记到与编目工作要求工作人员有较强的责任心,一丝不苟,熟悉并严格根据著录规则进行工作。记到与编目工作平凡而又琐碎,但工作质量直接影响期刊的使用,也关系整理工作等其他工作的开展。工作人员需具有甘当无名英雄的思想作风。

期刊的流通阅览工作直接面向读者,工作人员除了严格遵守劳动纪律、热情为读者服务以外,应努力熟悉馆藏,尤其是外文期刊阅览室或期刊库的工作人员,应具有一定的外语水平,避免上架时发生差错,要有较强的责任心。

此外,编制期刊文摘索引的工作除了专业水平和外语水平外,工作必须细心。有人做索引时文章出处著录错误,当读者要求依此复制时,不得不花费大量时间和人力查找原文。这样的事故过去时有发生。

以往,有些领导者只强调期刊工作的繁重体力劳动一方面,比较重视"勤勤恳恳、任劳任怨"的作风,而忽视了期刊作为信息源的作用,对工作人员的知识结构重视不够,有的甚至经常调动期刊工作人员的工作,看不到期刊工作的连续性,工作中也无章可循,各人自行其是,其结果是使期刊工作大受影响。这方面的教训是不少的。

总之,为了搞好期刊工作,领导者应深入了解期刊工作各环节的工作内容和要求及其规律性,制订相应措施,实行分工负责,职责分明。期刊工作人员应不断提高业务水平,做好本职工作。

目前我国图书情报部门的期刊入藏量已具备一定规模,从事期刊工作的人员数量不少,但由于种种原因,期刊的开发利用还有待于加强。这是我们期刊工作者面临的光荣而艰巨的任务。

第二节　期刊工作的内容与过程

一、期刊工作的内容

图书馆和情报部门的期刊工作可分管理工作和参考服务工作两部分。

期刊的管理工作包括:①期刊的收集;②现期期刊(简称现

刊,下同)的到馆登记、上架;③过期期刊(简称过刊,下同)的装订、登财产账、分类编目;④期刊库的管理。

期刊的参考服务工作包括:①期刊目录、索引和文摘的编制;②期刊阅览室工作;③期刊的流通工作;④期刊复制工作。

期刊的管理工作就是期刊从收集到过刊合订本入库、典藏的技术处理全过程,是服务的基础工作。管理工作既要求简化手续,提高工作效率,又要求方便读者,缩短期刊与读者见面的时间。期刊的参考服务工作则是直接面向读者,利用期刊为读者服务的工作。参考服务工作的目的,就是如何充分发挥期刊的作用,使期刊为读者所了解,所利用。

二、期刊管理工作过程

1. 期刊的收集工作。

收集工作就是通过采购、寄赠、交换等各种方法去获得本单位所需要的期刊。期刊收集工作的过程如下:

(1)订刊。

期刊的订购分两种:一种是一年一度的集中预订,另一种是日常零星订购。

中文期刊的预订工作主要由当地邮局办理,订户根据需要,在规定时间内到邮局办理订购手续。邮局每年均印发下一年度的征订目录。订购时,应先看订购目录,了解哪些期刊是新增加的,哪些期刊是本单位续订的,哪些期刊是原来由编辑出版单位发行,现交邮局发行的,然后决定本单位订哪些期刊,填写订单并交订款。

除通过邮局发行外,我国目前出现多种发行渠道,订刊人员应对此有所了解,以免订重或漏订。

外文期刊一般是集中预订,订购工作每年 6—8 月份进行,由当地外文书店或新华书店外文部、中国图书进出口总公司负责办理订购手续。订购时,首先与上述单位联系,根据本单位需要填写订购单,并加盖公章交上述单位。订购单应留底备查。

向国外订购外文期刊,需要花费国家的外汇,为了使国家有限的外汇能订到科研、生产所需的外文期刊,各省、市、自治区及中央各部委均指定一个单位负责汇总、审批本地区或本系统所属单位订购的外文期刊,由该单位报送中国图书进出口总公司后,统一向国外订购。每年订购原版外文期刊时,由中国图书进出口总公司统一发送续订订单、订购单和批准书。订户必须在指定的时间内,及时与审批单位联系,并按规定办理订购手续(包括填写订单和批准书),然后寄送审批单位。

在国外期刊订购工作中,经常出现的问题是:①对订购手续不了解,或者不了解本系统或本部门的审批单位是谁;或者不了解审批单位与中国图书进出口总公司的职能,订购时不通过审批单位而直接把批准书和订单寄给中国图书进口公司。由于订购手续不全,不但会耽误订购工作的进行,而且往往容易把批准书和订单寄失。②对外文期刊出版变化情况不了解,把一些早已停刊的期刊填订单要求订购,一些该订的又往往漏订。这些问题,应在熟悉业务工作基础上尽量避免。

零星订购工作主要是中文期刊。由于新刊不断创刊,期刊发行办法经常改变,要求期刊订购工作人员随时注意与发行部门联系,及时进行订购。近两年来不少期刊自办发行,一些专门从事期刊发行的机构成立,期刊收集人员应及时掌握这方面信息,做好中文期刊订购工作。

每年预订了什么期刊,订购工作人员应及时进行统计分析,并存底备查。第二年订刊时,首先核对上一年订了什么期刊,期刊的到馆情况,有哪些期刊因何故订不上,哪些期刊针对性不强,根据这些情况对所订期刊进行调整,不断改进工作。

(2)交换。

期刊交换工作分国内交换和国际交换两种。国内期刊交换工作往往与资料交换工作一起进行。国内书刊资料交换关系的建立,一般是双方填写"科技情报联系卡",分甲、乙二联,提出建立交换关系一方填写甲联,连同乙联一起寄出,乙联由另一方填写后寄回。("科技情报联系卡"样式见下表)

科技情报联系卡(甲)

单位名称	铁道部科学技术情报研究所		执行部门	图书资料室
通信地址	北京西直门外大柳树北站		电话	8996435
开户银行	北京中国人民银行新街口分理处		帐号	93067
专业范围	铁道建筑、机车车辆、通信信号、柴油机、燃气轮机、机械加工工艺、电子计算机等与铁路运输有关的资料			
出版刊物	国内动态、国外动态、专题资料、图书资料目录			
单位休息日	星期日	签订日期		年　月　日
备　注		单位公章		

建立国际书刊交换关系,首先通信联系,根据一定的原则,确定交换的条件,办理各种手续。作为我国出版物交换中心的北京图书馆除交换期刊外,还交换大量图书。该馆定期向国外交换单位发出交换书目,这些交换单位也寄来交换书目,然后根据对方挑选的目录寄发出版物。

科技情报联系卡(乙)

单位名称		执行部门		
通信地址		信箱代号		
电　话		电报挂号		
开户银行		帐　号		
专业范围				
出版刊物				
单位休息日		签订日期	198　年　月　日	
备　注		单位公章		

（3）寄赠。

除订购和交换外,寄赠是收集期刊的另一种方法。有些期刊属非卖品,有些期刊缺期,均可通过免费赠送的办法获得。

免费赠书,一般是收集工作人员根据各种线索,发函或直接到出版单位索取。发函时需注意把期刊名称、索取的要求写清楚。

向国外发函索取时,可参照附图的格式。我国一些图书馆和情报部门曾利用寄赠的渠道,向国外一些学术机构或团体发函,取得一定的效果。随着我国与各国科学技术和文化交流的发展,为图书馆和情报部门收集工作创造了有利的条件,我们应广辟途径,在可能的条件下加强与国外开展科技情报交流活动,收集更多的期刊。

对外寄赠委托书格式如下:

We would be very appreciated if you could
supply us the publication noted below:
Title:
Volno:
Date:

Very trury yours, Librarian

（4）期刊缺期的处理。

为了保持期刊的系统性,必须注意期刊的缺期问题。发现期刊缺期,应及时补全。通过中国图书进出口总公司订购的外文期刊,可填写"查询单"寄往该公司报刊发行处。

中文期刊发现缺期,应首先与发行单位联系补全,如出现寄失情况,应立即补购。

补缺的外文期刊查询单格式如下:

期刊查询单

户号：

刊号：

刊名：

所订上刊缺　　　　年　　　月　　　vol.　　　No.

上开刊物：

□已于　年　月　日寄出,请仔细在内部查找。

□国外还没有寄来,我公司已去信催索。

□国外已通知停刊。

□订不到,无法供应,待清帐时按照规定办理退款。

□催过数次,已无法补到。

□现在催查尚早,估计约　月到货。

说明：(1)户号、刊号、刊名及所缺卷期务请填写正确。

　　　(2)本单只填报刊一种,订户可自行依样印制。

　　　(3)只限催查近两年报刊,以前所缺已清帐,国外如到货将补

　　　　　发。中国图书进口公司报刊处发行组

　　　　　　　　　　　　　　　　复单：　　年　　　月　　　日

（5）现刊到馆验收和登记工作。

期刊到馆后,首先要开封验收。开封时要注意期刊中有没有单据或勘误表。最好翻阅浏览一下,如发现缺页和破损,应及时处理。

中文期刊开封验收工作还要注意检查：①期刊中是否有发票或各种通知,如果有发票,要办理财务报销手续;有回执,要及时寄还发行单位;有征订或停订通知,要及时处理。②期刊的出版发行单位是否清楚明了,一种新期刊需进行较详细的到馆登记,其中包括详细的出版发行单位,因此,如发现期刊的出版发行单位不具体,应把包装期刊的封皮上写的发货单位注明在期刊上,作为登记的依据。③验收时对到馆的新期刊应根据本单位需要进行初步鉴

定和挑选。

外文期刊开封验收时,可同时进行使用文字的划分,以便于现刊的到馆登记。外文期刊中若有附件,如年鉴(Year book)、采购者指南(Buyers guide)、手册(Hand book)、绿皮书(Green book)等可作图书处理。如上述附件和主刊合刊时,作期刊处理。年度评论与年度报告的处理,则由本馆酌情定出处理办法。

现刊到馆登记又称"现刊记到",这是期刊管理工作中的一项重要基础工作。现刊记到包括读者目录和公务目录的著录。目前一般中、小型图书情报部门往往把这两套目录合为一套目录,即公务目录同时提供读者查用。

现刊的到馆登记必须按著录规则进行。目前在现刊记到工作中,由于没有统一的著录规则,不但各单位著录不统一,有的单位由于担任现刊记到的工作人员变更,著录格式也前后不同,从而造成一种期刊登在几张卡片上,引起目录的混乱。关于现刊记到的著录问题,本书第五章第四节将详细论述。

现刊登记后要盖上现刊馆藏章。盖章时必须盖在封面明显处,如封面颜色太暗,或封面无法盖章,可盖在书名页上。现刊盖章后,即可上架。

2. 现刊和零本过刊的整理。

现刊和近期的零本过刊,一般放在闭架阅览室的期刊库,或放在开架阅览室直接为读者利用。这些期刊的利用率高,稍不注意就会放错位置,因此必须经常整理。在期刊库,这些期刊可由提取期刊的工作人员整理。在开架阅览室,这些期刊的整理工作一般由阅览室管理人员担任,因为读者找不到期刊,很自然地请求他们去查找,因此他们必须了解阅览室内期刊的到馆情况,熟悉室内期刊的分布,掌握期刊错放的规律。

现刊和近期的零本过刊除了日常整理外,一般在年内定期进行一次或两次下架整理工作。零本过刊的下架整理主要是把已到齐的期刊装订成合订本。现刊的下架整理,是因为上一年的期刊已到齐,更主要的是下一年的期刊已陆续到馆。由于每年期刊有增有减,阅览室或期刊库必须重新调整和布置,期刊盒的标签需要重新张贴,同时把上一年的期刊按一定次序,理顺后集中存放,或装订成合订本。因此,现刊的下架整理工作是每年必做的一项工作。

3. 过期期刊的整理装订。

过刊的整理工作主要是将零本过刊装订成合订本,送交期刊库。

为了便于保存,期刊按年度或卷期到齐后,应整理装订成书本型的过刊合订本。期刊的过刊整理工作一般包括三个内容:①下架整理打捆;②装订后进行财产登记、财产目录片及读者目录片加续到工作;(3)过刊合订本入库。现根据工作流程分述如下。

(1)过刊下架整理打捆。

零本过刊下架时,先按年、卷、期顺序排好,发现有缺期的期刊,要核对记到卡片,如果期刊从未到馆,远期的可以装订,近期的不能装订,待到齐后再装订。缺期情况可用铅笔在期刊第一期上注明。

下架装订的期刊可根据单本厚薄(大约 1.5 至 2 寸左右)合订成册。可以将一年、半年或一季度的过刊装订成一册,也可以将两年或多年的过刊装订成一册。若卷号跨年度,装订时应以全卷为装订单位。

下架装订的期刊应在现刊记到卡片上用红笔打上括号或其他记号,表示已经装订。

过刊整理好之后,应在每一合订本上写一张装订单,作为装订时的依据。单上注明卷、期、年,缺期的期数也要注上。装订单放在每一合订本的头一期封面。如果需要在期刊合订本的书脊印上索取号或其他标志,均应在装订单上写清楚。

（2）过刊合订本的处理。

过刊合订本与图书一样，属固定资产。过刊合订本到馆后，首先拆捆、核对，在合订本上写上财产登记号。然后在财产帐上作个别登录，在财产目录卡片上进行加续工作。有的图书馆使用借阅卡，则需在每册合订本后贴上口袋和打印借阅卡片。新增订的过刊合订本应进行分类编目工作。

（3）入库。

过刊合订本经过上述的技术处理后，即可送到期刊库典藏。

4.过刊的排架与管理。

过刊分两种：一种是已装订的合订本，合订本一般年代较远，另一种是尚未装订的零本期刊，这类期刊一般年代较近，读者借阅次数多，期刊利用率较高。

过刊的排架应注意以下几个问题：①首先应决定是开架借阅还是闭架借阅，排架方式应根据借阅方式而定。②排架应与相应的目录排列一致，以便于读者及工作人员查找。例如，按分类排架应与分类目录排列相一致；按刊名字顺排架应与刊名字顺目录排列相一致。③应正确处理方便读者与方便工作人员的关系。个别图书馆由于只考虑工作人员外文水平较低，没有考虑开架借阅时读者查找的方便，从而把外文过刊合订本由按刊名字顺排架，改为按大流水排架，给读者查找期刊造成不便。最终还得按刊名字顺排架。④过刊合订本与零本过刊应分别排架。因为零本过刊到一定时间需要装订，而过刊合订本一经入库，就像图书一样保管，排架相对稳定。

过刊排架方式有如下一些：

```
                                          ┌── 分类排架
                        ┌── 非固定排架 ──┤
                        │                 └── 刊名字顺排架
排架方式 ──────────────┤
                        │                 ┌── 大流水排架
                        └── 固定排架 ────┤
                                          └── 按年代排架
```

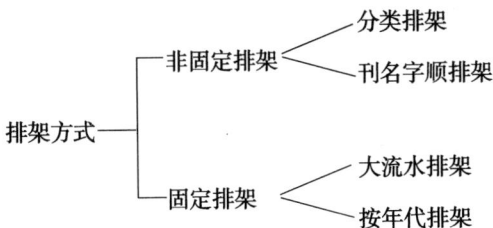

　　每种排架方式各有优缺点,现分述如下。

　　(1)分类排架。

　　按照分类表或主题表将同一类或同一主题的期刊集中排列,同一类期刊按刊名字顺或其他方法进行复分,即期刊索取号由分类号加上其他复分号(如种次号)组成。同一类的中文期刊可按笔划笔顺排,也可按汉语拼音字顺排。同一类的外文期刊可按文字、再按字顺排。同一种期刊则可按出版年代顺序排列。

　　分类排架的优点是:①同一类期刊集中排在一处,便于利用,尤其是开架借阅时,读者较容易了解同一类期刊的馆藏情况,查找方便。由于有索取号,管理人员取刊、上架也比较容易。②由于同一主题期刊集中排架,同一单位出版的期刊,因其学科或专业相同而容易相对集中在一起。③排架本身就比较容易揭示馆藏,起到宣传推广的作用。一些期刊刊名不能反映出内容,由于是按分类排架,阅读同一类或同一主题期刊的读者可从中了解有关的期刊内容。

　　分类排架的缺点是:①分类排架必须给分类号和复分号,这些工作较其他排架方法复杂。②不少期刊内容广泛,一种期刊包括多种学科内容,表现出综合性质,给分类工作带来很大困难。这种情况在中文期刊的学报类和各地方出版的综合性、多科性期刊中反映较突出,难于合理分类。③一些专业图书馆由于专业范围较窄,同类期刊较集中,分类排架难以取得预期效果。④分类排架需要倒架,而倒架需要花费较多的人力。

有些图书情报部门按外文期刊的期刊号排架,实质上也属于分类排架,因为中国图书进出口总公司对每种引进的外文期刊规定的刊号,包括分类号、国家代号和顺序号三部分。这种期刊号一般比较固定,也比较简单,使用方便。

(2)按刊名字顺排架。

即根据期刊刊名字顺目录的排列方法进行期刊的排架。排架时,中文期刊可按汉语拼音字母的字顺排,也可按汉字笔划笔顺排;日文期刊刊名中的假名部分按五十音图排,英文部分按英文字顺排,汉字部分根据目前中国读者的习惯,可按笔划笔顺排。一些汉字在中国使用简化字,日本却没有简化,排架时应作具体规定。同一种期刊按年代先后顺序排列。其他文字的期刊一般也按字顺排列。

按刊名顺序排架的优点是查找迅速、直接,只要记住刊名,即可很快查到。缺点是:①同一类目或主题的期刊分散;②对于文化水平较低的管理人员困难较大;③同一期刊因刊名变更而分置二处;④到一定时间需倒架,费时费力。

按期刊刊名排架时,要注意外文期刊中刊名较多出现学术团体的全称和简称问题。属于学术团体的刊物,刊名中使用学术团体名称加 Bulletin,Proceedings,Transaction,Journal 等字,这些问题的处理应与刊名字顺目录一致(详见刊名字顺目录排列规则)。

(3)按流水号排架。

按流水号排架的方式有两种:一种是按期刊登录号排架,一般称为大流水排架。另一种称小流水排架,即一种期刊给一个流水号,每种期刊按刊名第一个字母加上流水号的顺序排。流水号是刊名第一个字母相同的期刊顺序号,如《Computer》—"C-1",《Computer Design》—"C-2",《Computer Review》—"C-3"……,以此类推。目前两种方式国内均有采用。

大流水号排架的优点是：①排架固定，不必倒架；②刊号即大流水号，简单易查，比较方便。这种方式较适于闭架期刊库或利用率不高、年代较久远的期刊，以及管理人员水平较低的期刊库。缺点是：同一时期刊分散排架，管理人员取刊及上架均需来回奔跑于不同排架，甚至不同的期刊库，工作量增加。另外，读者查找期刊必须依靠目录，管理人员必须加强辅导查询。

　　小流水号排架吸取了大流水号排架的优点，同时使同一期刊可集中排架，从而避免了大流水号排架的一些缺点。但是小流水号排架需倒架，读者查找期刊仍需依靠期刊目录。

　　(4)按期刊出版年代排架。

　　期刊的特点是按卷、年连续出版。因此期刊可按年代、再按刊名字顺排架。这种排架方式属固定排架。日本科学技术情报中心采取这种排架方式，我国一些图书情报部门也采取这种排架方式。对于尚未装订的零本过刊，采取这种方式排架比较合适。例如：某图书馆规定过刊三年以后装订成合订本。一般来说，期刊三年之后基本上到齐。若按年代排架，到规定装订的时间，同一出版年代的期刊即可同时整理装订，期刊库也可按年代排架。一些图书馆，尤其是情报单位根据期刊使用情况及期刊库面积，只保存一定年限的期刊，若采取这种方式，管理工作比较方便。按年代排架的缺点是：由于管理人员业务不熟悉或工作粗心，往往容易在上架时把一种期刊错放到别的年份的期刊中。另外，如读者索取不同年代的同一种期刊，需往返于不同的排架之间。

　　此外，有的图书馆按中文期刊的邮局代号排架，这种排架方式实质上是按出版地排架。邮局发行的期刊，都有邮局代号，而许多中文期刊不通过邮局发行，就没有邮局代号，从而给排架造成困难。

　　总的说来，固定排架的优点是：省去倒架所用的大量人力；管理人员查找方便，但只适于闭架借阅。非固定排架适于开架阅览，方便读者,省去查找目录的种种不便,但需要倒架。各图书馆或情报部门可根据具体的情况,慎重选择。关于缩微期刊排架方式,以后另外介绍。

5. 过期期刊的保管与提存。

过期期刊的保管与图书差不多,要注意防晒、防尘、防潮、防虫蛀。

过期期刊的保护工作主要是对期刊装订工作的改进,以及期刊库环境和设施的改善。

每年图书馆都有数量不等的零本过刊需要装订成册,装订工作或者由图书馆附属部门负责,或者送装订厂加工。目前普遍存在的问题是装订使用的材料质量不符合要求,主要表现为:①不少图书馆的中文过刊合订本的封面使用单层牛皮纸,虽然节省了装订费用,但增加了期刊库管理的困难。首先,由于封面太软,过刊排架时很难竖放,过刊变形严重;其次,封面太薄,无法保护期刊的里页,造成期刊破损加剧。②用作封面的硬纸板质量差,粘胶剂中含有不利于期刊保存的化学成分,造成过刊合订本封面发霉、脱落,这一现象在我国南方的图书馆尤为严重。③对过刊的缝订方法和修饰工作不注意,有的期刊装订后读者翻阅很困难,更难于复制其中的内容,为了进行复制,有时不得不把装订好的过刊合订本缝线损坏。

针对上述问题,零本过刊装订工作,应从以下方面改进:①选用质量符合要求的硬纸板作合订本封面,加强对期刊的保护;②对粘胶剂的抗霉菌剂进行测试,从中选用,或者在粘胶剂中加入灭虫剂或抗霉菌剂、抗腐剂等;③改进过刊的缝订方法和修饰工作。

对于期刊库环境与设施的改善,各地区各单位可以采取不同的措施,但以下问题具有普遍性:①控制适宜的温度、湿度。我国幅员广大,各地温度、湿度差别很大。为了控制适宜的温度(18℃左右)和湿度(相对湿度在55—65%之间),期刊库应定时测试,注意空气流通,注意防潮和水损,对于库房屋顶漏水及管道破裂等隐患,应采取防范措施。②防尘、防光辐射。我国北方灰尘多,期刊库的门窗应紧密,可安设双层窗户,粘贴密封条。打扫卫生时,期刊应用半湿半干的布掸尘,地板一般用拖把清扫,防止灰尘落在期刊上。期刊库内光线不可太强烈,防止太阳光直晒,库内的照明灯应做到人走灯灭。③期刊的存放不可挤得太紧,以避免取刊和归架时把期刊撕坏,因此经常进行必要的倒架。另方面,如果期刊排列不满一格,应加设书档,以避免期刊斜放或扭歪而变形。④对于破损、封面脱落或散页的期刊,应及时修理,保持完好。⑤注意防火。期刊库内应消除火源,严禁吸烟,要经常检查照明用线路,保证安全。库内安设随手可取的灭火设备,要求保管人员掌握灭火设备的使用方法。⑥防虫。在我国,对期刊危害最大的害虫有蠹虫(又称毛衣鱼)、白蚁、蟑螂、老鼠等,防治的方法一是改善环境;二是采用杀虫剂、驱虫剂等化学药剂防治虫害;三是采用冷冻灭书虫的办法,通过自然低温冷冻或低温设备冷冻,消除虫害。

期刊库需要经常整理。过刊整理工作好坏,直接影响借阅工作的速度和质量,一本期刊错放了位置,有时不得不好几个人同时查找,这种情况在零本过刊中最容易发生。

科学技术与文化事业日新月异地发展,反映科学文化成就的文献,也有一个新陈代谢的问题,也有一个时效问题。日本、西德等不少国家对于期刊的有效使用时间(即期刊寿命),均曾进行调查,调查结果表明:①大多数期刊的使用高潮是出版后第一年;"难懂"语言的期刊的使用高潮是出版近一年时。②借阅中的70%左右是最近4—5年的刊物。在我国,期刊借阅也以最近4—5年的最多。

由于期刊存在有效使用时间问题,而图书馆和情报单位的期刊库空间不可能无限扩大,期刊却大量增加,因此对于年代久远、使用率低或参考价值不大的期刊,有的可复制成缩微复制品,其他则可进行提存或注销。

期刊提存或注销需慎重处理,尤其是本单位的重点期刊,不要随便提存或注销。期刊提存或注销要有一定的原则,经有关人员共同鉴定,提出初步意见,然后提请领导部门审批。期刊提存或注销后,应及时在期刊目录及财产账上注明。注销的期刊的处理方法:①调拨给本地区或本系统图书馆;②折价出售给私人;③作废纸处理。

三、期刊的读者服务工作

期刊工作除了管理工作外,还有大量的参考工作和读者服务工作。读者服务工作是图书馆和情报部门与读者接触最多,服务效果显著的工作,服务工作好坏,直接影响整个期刊工作的质量,反映出期刊工作的水平。

期刊的读者服务工作包括借阅工作、宣传辅导工作及复制工作,现分述如下。

1. 借阅工作。

期刊的借阅工作包括阅览室工作与出纳流通工作。

(1)期刊阅览室工作。

这是期刊的读者服务工作的重要组成部分。无论国内还是国外,无论是公共图书馆、高等学校图书馆,还是科研系统的图书馆或情报单位,都十分重视期刊阅览室工作。因为期刊在阅览室陈列,使读者有机会直接利用它们,充分发挥期刊的作用。

期刊阅览室按期刊内容可分为社会科学期刊阅览室、科技期刊阅览室;按期刊出版时间可分为现刊阅览室、过刊阅览室;按管理方式可分为开架阅览室、闭架阅览室;按文字划分可分为中文期刊阅览室、外文期刊阅览室。另外,有些单位还专设检索工具室,专门负责检索类期刊和其他检索工具的阅览工作。上述各种类型可以一个阅览室兼有之。例如,一个阅览室,可以是陈列现期中文科技期刊,它的管理方式可以是开架阅览。

开架和闭架是阅览室的两种主要的管理方式。目前我国公共图书馆一般采取闭架,或小部分开架的方式,科研及情报系统图书馆大多开架阅览,大学图书馆一般对老师开架,对学生则部分开架或闭架。在国外,为了吸引更多读者到图书馆,图书馆很注意为读者创造良好的读书环境,因此多数图书馆采取开架阅览的方式。

期刊开架阅览的优点很多。对于读者,可减少查目录时间,缩短取期刊时间,简化借还手续。同时,读者可利用开架的方便,翻阅相同学科的期刊,并在相关学科的期刊中,找到他们所需的资料,从而使交叉学科的刊物有更多利用的机会,提高期刊的利用率。对于期刊管理人员,开架阅览减少了取期刊的时间,减少或免除出纳台与期刊库之间的来回奔跑。开架阅览的缺点是容易乱架,容易发生丢失期刊的现象。

做好期刊开架阅览工作,需具备三个条件:①阅览室应尽量宽敞。一般来说,读者拥挤,期刊密密麻麻放在一起时,最容易将期刊放错位置。②应帮助读者熟悉排架和使用目录。不少开架阅览室都配备有丰富经验、熟悉期刊工作或外文水平较高的同志,他们能答复读者提出的各种问题,帮助读者查找期刊。③加强对读者进行宣传教育。期刊发生乱架和撕毁丢失现象,其中的重要原因之一是读者只想到个人方便,忘记了国家利益受损失。这就需要阅览室管理人员加强对读者宣传教育。

开架阅览室首先要决定哪些期刊开架,以及开架期刊的年限。根据期刊利用情况分析,三年内出版的期刊利用率最高,因此,在阅览室空间允许的情况下,开架陈列三年内出版的期刊比较合适。检索类期刊则根据读者的要求、期刊的特点与利用率,以及阅览室大小,适当延长陈列期刊的年限。

开架阅览室的布置,可因地制宜。原则上应做到尽量为读者提供一个安静、舒适的环境,同时,也要考虑管理人员工作方便,便于工作。整个阅览室的布置要朴素、安静,为读者所欢迎。

开架阅览室的期刊排架一般可按分类排架。同一类期刊按使用文字排,同一种文字按刊名字顺排,同一种期刊则按出版年代排。有条件的单位可进行新到期刊展览,便于读者及时了解新刊到馆情况。此外,有的单位开架阅览的期刊按刊名字顺排架,这种方法对于按刊名查找的读者较方便。

为了便于读者查找期刊,阅览室应具备一套期刊排架目录。如果按分类排架,则另外设立一套刊名字顺目录;如果按刊名字顺排架,则另外设立一套分类目录。

外文期刊阅览室还应配备各种语言工具书,提供读者使用。

读者的宣传教育工作主要有以下四方面:①期刊的宣传报道工作。应经常向读者介绍阅览室内陈列一些什么期刊?哪些期刊与某专业有关系?如何利用这些期刊?有些什么新刊等。②期刊排架的宣传工作。帮助读者了解期刊排架方法,懂得怎样在期刊架上找到所需的期刊。期刊架上应注明期刊的类别、文字等,刊名要书写清楚、醒目。③期刊目录的宣传工作。管理人员有责任帮助读者熟悉并掌握期刊目录的查找方法,能很快地从目录中查到所需的期刊,以及期刊的入藏情况。④加强对读者进行思想教育,发动大家互相监督,防止期刊受损。

解决开架阅览室期刊排架混乱问题,目前一般采取以下办法:一是勤整理排架,有的图书馆规定每天下班前整理一次,每次新刊上架时整理一次,一定时期进行全面整理,从而保证期刊放得正确无误。二是规定读者从架上取出的期刊,统一由工作人员负责上架,以避免错放。

从五十年代初期开始,在我国图书馆界就进行着一场关于开架和闭架问题的争论。争论的中心问题是:要不要开架借阅。经过 20 多年实践,开架阅览的方式越来越显示出它的优点,受到读者的欢迎。开架阅览室的管理工作和读者服务工作曾进行了不断改进,也积累了不少经验。这些都需要我们进一步总结。对于工作中存在的问题,还需要继续研究和解决,以便使开架阅览工作收效更大。

（2）出纳流通工作。

期刊出纳流通工作与图书的出纳流通工作差不多。读者需按规定办理借还手续,出纳人员需按工作要求做好借还登记工作。

期刊的借阅制度与图书略有不同。以期刊出借的范围来说,就与图书有较大区别。例如,自然科学与社会科学期刊、现期期刊与过期零本期刊、过刊合订本等各类期刊中,哪些不能出借? 哪些可以出借? 以及借期长短等,都应根据实际情况具体规定。

出纳流通工作中,期刊的利用统计工作很重要,是期刊的收集、确定保存期限等管理工作的重要依据。分析研究各项统计数字,可以使我们了解读者的要求,收集工作是否满足读者的需要,读者对期刊的使用情况（期刊利用率高低）等。期刊的利用统计工作包括:读者成分的统计,各门类、各文种期刊流通册次的统计,读者人次统计,期刊库流通册次统计等。

2. 期刊宣传辅导工作。

期刊与图书最大的区别,就在于在统一的刊名下,每一期都是新内容。学科的交叉重复,又往往使读者不容易发现刊登在别的专业期刊中的文章。因此,把期刊中专业对口的、有参考价值的文章介绍给有关的读者,帮助读者学会查找期刊、利用期刊（包括检索类期刊）,这是期刊管理人员的责任。

期刊的第一个读者应该是期刊管理人员。新到馆的期刊,管理人员应该首先浏览,只有熟悉期刊的内容和查找方法,了解期刊的性质、水平,才有可能使读者服务工作变被动为主动,把期刊主动送到需要的读者手里。

期刊的宣传辅导工作一般包括重点新期刊要目介绍、馆藏动态、口头推荐、期刊展览等。其中期刊展览是较重要的一项工作。

期刊展览通过展出的期刊、各种文字说明等形象化的展品，系统地、有重点地向读者报道最新入藏或某一专题的刊物，使读者可以在较短时间内集中地查阅各种期刊。不但节约读者的时间，而且对于提高期刊的流通率有重要的作用。

举办期刊展览，首先要确定展览的规模、读者对象和展览的性质，然后确定展览的内容，即选题。在此基础上进行总体设计，布置展品。

期刊展览的组织管理工作很重要。一般大型展览，需在正式展出之前，先行预展，听取各方面意见。展出期间要组织参观，了解效果，总结经验。

3. 复制工作。

早在二十世纪三十年代初期，很多国家的图书馆已开始利用缩微复制手段来解决藏书空间不足、补充馆藏及副本不足等问题，以提高书刊的利用率。到六十年代，静电复制机产生，大大提高了书刊的利用率。随着科学技术的突飞猛进，复制设备也越来越先进。由于电子计算机能将大量文献的全文外存储，而出现了电子计算机输出缩微胶卷（COM—Computer Output Microfilm）。

目前国内外图书馆和情报部门普遍利用的复制技术，可分缩微复制和静电复制两大类。

缩微复制属于化学方法。目前普遍使用 48 倍以下的缩微复制（也叫银盐复制）。缩微用的胶片有 16 毫米、35 毫米无孔或有孔胶片，105 毫米 × 148 毫米平片。缩微倍率在 50 倍以上的超缩微技术，使用的国家还不多。

静电复制属于物理方法。是由一种表面负载电潜影及由细微的有色彩末的电吸附而造成图像的物理显影。目前用于图书馆和情报部门的静电设备大致有：书刊原件的复印（放大）；缩微片放大或原件的缩小放大，以及静电制版等。

近年来，国外的图书馆和情报部门一致公认复制技术是图书情报工作中一种很有效果的现代化服务手段。目前我国已开始生产一些静电复印机,但机器性能还不太稳定,复制设备的工业生产体系还未形成。目前我国复制工作技术和设备还很落后,不适应图书情报工作的发展,但是文献复制技术的研究已列入全国科研规划。可以相信,在不久的将来,我国文献复制工业之花,将在全国图书情报部门竞相开放,争奇斗妍。

第三节　期刊工作的组织与管理

搞好期刊工作主要应具备以下条件:①组织内部的最优化;②人员的素质;③设备(手段)现代化。

关于期刊工作人员的素质问题上面已有所论述,期刊工作现代化问题以后论述。本节主要论述期刊工作组织内部的最优化问题。

一、期刊工作业务组织

目前我国图书馆期刊工作的业务组织有两种形式,从而构成两种不同的管理结构。

公共图书馆传统的期刊工作管理结构是将期刊的处理工作分散在整个图书馆系统的各部门进行,工作程序与管理职责如下页图一。

许多高等学校图书馆中,期刊工作集中在期刊部(组)进行,其管理职责与工作程序如下页图二。

图一与图二从管理程序分析,二者基本上相同,都可按 输入 → 处理 → 输出 的作业流程进行,但是管理阶层与部门之间的关系等均不相同。图一中,期刊各部分由于存在上一级管理阶层而

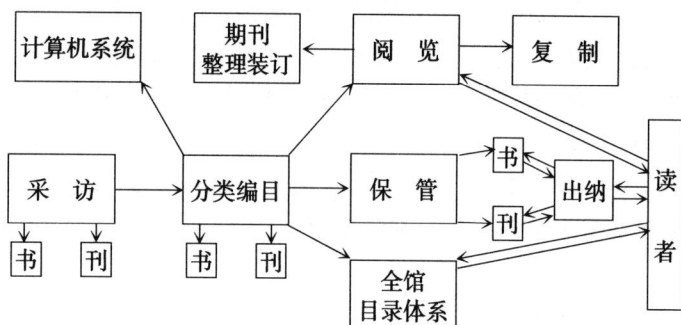

期刊工作系统分解图一

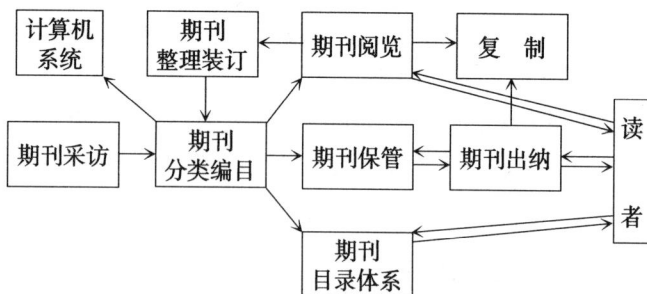

期刊工作系统分解图二

被分割,呈非连续性,各部分之间的直接联系大大削弱。

从人员配备和调配分析来看,由于图书与期刊的性质不同,因此按图一实施的话,图书工作与期刊工作虽在同一部门,实际上仍按图书与期刊两部分分别开展工作,一般情况下相互之间分工明确,协作不多,可避免因工作不熟练而产生差错,影响工作质量。但是阅览流通工作若按图一处理,人员管理的灵活性较大。因阅览流通工作面向读者,必须每天按时开馆接待读者,如果说采编整理工作人员缺勤后的工作可用其他方式补上,不需要别人替代完成的话,阅览流通工作人员缺勤必须由他人替代。目前图书馆中上述替班的现象时有出现。若按图一处理,只需抽调其他阅览流通人员,不影响其他环节的工作人员;若按图二处理,则往往需要抽调分编人员临时值班,其结果是影响期刊分编工作的进行。

从读者服务工作分析,当读者同时查找图书和过刊时,图一的管理结构使读者省时省事,只需查找同一处的目录,由同一处借阅,比较方便。但这部分读者相对来说不占多数,而对于单纯阅览、出借图书或期刊的读者来说,两种管理结构的服务效果相同。

根据以上分析比较,图二的管理系统优点较多。另外从管理的角度看,当今图书期刊的需要和入藏量都相当大,如果要求管理干部既熟悉图书,又熟悉期刊这两种类型出版物的出版规律、读者的需求,同时具备书和刊的知识,这是难以做到的,往往容易产生片面性和局限性,或者顾此失彼。因此,图二的期刊集中处理方式对于管理干部来说,更便于深入了解工作,提高业务水平。

上述有关期刊工作管理的分析,主要对大中型图书馆而言,对于期刊藏量少的图书馆,期刊工作与图书工作合并进行是可行的。但是必须注意两点:①期刊管理人员应明确分工,建立岗位责任制;②应注意采购人员与阅览流通人员的分工,这两个环节工作避免由同一人担任,以保证工作的顺利进行。

关于国外期刊工作组织的设立情况,以美国为例,其图书馆在30年代开始出现期刊工作组织的分立(discrete)。当时美国的期刊出版空前增长,图书馆的经费充裕,读者对期刊的需求量也越来越大。在上述背景下,格布尔(Gable)于1935年提出设立期刊部门的主张。到30年代末期,美国有54%大型图书馆和47%中型图书馆设立了期刊部门,1953年美国国会图书馆设立了期刊记录组(Serial Record Division),开始将期刊从三个部门中划分出来。据1975年调查,单独设立期刊部门的大中型图书馆占74%。

对于期刊工作组织的设立问题,美国图书馆界也有两种不同的意见。赞成分立的理由是:可避免重复性工作,简化事务性工作,减少错误,增进效率、加强联系,改善人员的使用,消除部门之间的成见,以及使期刊受到重视。反对分立的理由是:①按书刊设立部门首先是对书刊划分界限不一致,尤其是丛书、丛刊的处理,会造成分工不明确;②图书馆中计算机的应用使采购、编目工作基本上消除重复记录,著录标准化的实施,使书刊编目可统一处理,终端设备可同时检索包括期刊的全部文献,因此从编目和检索来看,书刊不必分别处理;③从发行工作来看,国外采购的代理商一般按生产过程设立业务组织,因此没有必要按书、刊设置工作组织。

根据国内外情况的分析,书、刊、资料的分工与组织应根据本单位的工作需要及人员情况而定,也可先进行试验,以取得合理的方案。

二、期刊工作分工与管理

期刊工作的分工管理基本上有三种方式:①按期刊工作程序分工,即按收集、记到、分类编目、零本过刊整理装订等分工,这种分工会因期刊工作的周期性而使人员忙闲不均;②除收集工作外,其他管理工作按人员分工包干负责(有人称一条龙方式),即按期刊数量分人负责,去完成各过程的工作内容;③除收集和分类编目外,按期刊分工包干负责。

不管采用哪种方式,首先应考虑期刊工作的定额问题,即计量管理问题,按工作量安排可以避免人浮于事或忙闲不均,有利于充分调动人员的积极性,并便于检查工作。现试就期刊整理加工工作各环节工作量及工作要求,以大中型图书馆为例,进行分析说明。

1. 记到工作。

工作内容:拆包,按刊名在记到片上登记,在期刊上注明刊号,已标引的分类号,加印记,复本分组,上架等。

工作要求:错误率不超过 1%。应注意期刊刊名变化,及时通知分类编目人员重新编目,同时应及时退补重本或缺期期刊。

工作量:

中文期刊(含复本)每册 1.5—2 分钟

每小时 30—40 册

每工作日 210—280 册

外文期刊(含复本)每册 2 分钟

每小时 30 册

每工作日 210 册

2.分类编目工作。

工作内容:新刊或改名期刊的分类编目,包括全部著录工作,印片、校对、排卡片等。

工作要求:校对前错误不超过 2%。

工作量:

中文期刊每小时 2 种

每工作日 13—14 种

外文期刊每小时 1—1.5 种

每工作日 8—12 种

3.零本过刊整理装订。

工作内容:按期刊卷期下架排序,检查缺期,按要求填写或打印送装订单。

工作要求:错误率不超过 1%

工作量:每小时 7—8 册(合订本)

每工作日 56—64 册

4.合订本登录与编目工作。

工作内容:按送装订单复核到馆的合订本,处理装订错误期刊,进行合订本个别登录,在读者目录中加注年卷注记,送期刊库。

工作要求:错误率不超过 1%

工作量:每小时 7—8 册

每工作日 56—64 册

根据上述定额计算,假如某馆订购中文期刊 1000 种,外文期刊 500 种,所需加工时间为:

中文期刊,按平均 1 种 8 册计算(包含季刊和双月刊),一年到馆 1000 种、8000 册,合订本为 1000 册,则:

记到:38 工作日

分类编目:40 工作日

送装订:17 工作日

合订本加工:17 工作日

合计:112 工作日,即 5、6 个月工作量(1 个月按 20 工作日算)

外文期刊,按平均 1 种 12 期计算,一年到馆 500 种、6000 册,合订本为 500 种、1000 册,则:

记到 25 工作日

分类编目 50 工作日

送装订 17 工作日

合订本加工 17 工作日

合计 109 工作日,即 5.5 个月(1 个月按 20 工作日算)

以上计算是按熟练工作人员要求进行,只能是个估算。根据笔者工作实践,上述估算基本符合实际情况。

除了计量管理外,非计量因素也是十分重要的,在期刊收集工作中,或者在阅览室工作中,有完成工作的数量问题,而更重要的是对工作内容、工作质量的管理。

收集工作计划的编制与执行十分重要,因为收集工作不是天天进行的日常工作,往往需要有集中订购的阶段,又有分散订购和催补等工作,而集中订购之前,以及订购之后有一系列准备工作和善后工作。因此,收集工作一般以一年为一个工作周期。

收集工作计划中,首先确定集中订购的时间,集中订购之前,应完成以下工作：

①对上一年收集工作的效果进行分析，主要是对期刊的利用情况、有关数据及读者的意见和要求等的分析；

②对本年度服务对象的需求的了解，主要是科研、生产、教学计划的变化，包括长远规划和年度计划的调查分析；

③对购刊经费的变化情况，期刊的价格变化情况，以及期刊出版变化情况等，进行调查分析；

④提出对本年度期刊订购的意见，主要是增删期刊的意见和根据。

集中订购后，应及时进行总结，了解馆藏期刊的变化情况，订购工作经验和问题。

收集工作人员应编制历年馆藏期刊统计表，表中应能反映每年种数册数的变化，也能反映各学科门类期刊的入藏情况，作为订购工作的依据。

流通阅览工作的特点是准确性和时间性。其中时间性包括工作时间必须固定，工作效率应有保证。因此流通阅览工作最好采用岗位任务制的方式，强调考勤制度，根据本馆具体情况规定取刊和上架、整理期刊的时间和要求，明确职责范围，便于检查总结。同时要强调做好流通的各项统计工作。

第三章 期刊的收集

第一节 期刊收集工作的原则

期刊的收集工作,是期刊工作的第一个环节。和任何工作一样,期刊收集工作也有个质量问题,如何提高期刊的订购质量,对整个期刊工作影响很大。期刊的连续出版,不但使得每收集一种期刊所带来的整理、保管工作较之图书复杂得多,而且所占用的空间(包括阅览室和期刊库)也比一种图书所占用的空间大得多。因此,收集期刊要注意遵循下列的原则。

一、加强针对性

加强期刊收集工作的针对性,做到有的放矢,这是搞好期刊工作的重要原则。期刊收集工作人员首先要明确本单位的工作性质、任务和服务对象,以确定期刊收集工作的方针、任务和要求。不同的图书馆、资料室,由于专业范围及机构性质、任务不同,服务对象千差万别,对期刊的需要也各不相同;同样的读者,由于研究项目或工作任务的变化,不同时期需要的期刊也不同,这都使期刊收集工作有不同的具体的方针任务。省市图书馆和情报单位,虽同属于综合性图书情报部门,但各省市工农业生产及文化事业的发展情况不同,期刊收集的重点也必然不同;同一系统的专业图书情报单位,由于规模大小不一,科研生产课题不同,期刊收集的多少、专业范围也不相同。

加强针对性就是实事求是，订购期刊的数量和品种都要适应本单位的实际需要，切忌订购上的盲目性。

要加强期刊收集工作的针对性，必须调查分析本地区、本部门科研生产计划，例如各地区的建设项目、重点工程及科研项目等，以及生产科研的进展情况，经常了解读者的需求。

二、加强期刊收集工作的系统性

每个图书馆都有自己的藏书体系，就是说，图书馆根据自己的主要任务、服务对象、藏书基础等，有系统地搜集和积累藏书，在确定的收藏范围内尽量做到系统、全面。作为图书馆藏书重要组成部分的期刊，因其出版的连续性，以及流通工作的连续性，要求期刊的入藏有系统性。图书馆的入藏书刊的特色，往往对决定图书馆的特点起很重要的作用。

期刊收集工作的系统性对于科研生产尤其重要。如果对外文期刊停订，那就会在各方面带来很大的损失。相反，如果期刊订购工作从不中断，尤其是利用率高的重点期刊，那就能在工作中带来很大的方便，也可以对全国各地缺乏期刊的单位提供方便。

要使期刊有系统地积累，就必须有目的地加强期刊的访求工作，既要"查"、"访"，还要通过各种渠道获取，努力做到期刊不漏订，不脱期。

三、坚持勤俭原则

勤俭原则就是充分利用有限的经费和空间，高质量地入藏本单位所需期刊。目前我国各类型图书馆经费有限，用于购刊的经费，据 1986—1987 年 45 所大专学校图书馆统计数字表明，70% 以上购刊费仅占购书刊费 1/3 以下，最少的只占 4%，在这种情况下，更应严格期刊的选购工作。

坚持勤俭原则,主要体现在两方面:一是购刊时提高订购质量,注意重点与一般相结合,注意中文期刊的复本率。二是加强图书馆之间的协调,尤其要注意加强外文期刊的合理布局。现分述如下。

1. 重点与一般相结合,不贪多求全。

每个图书情报单位都应根据自己的具体情况,选择一批期刊作为馆藏的重点期刊,同时还要入藏一些与本专业相邻或相关的期刊,提供读者参考,这就是重点与一般相结合的原则。重点期刊一般是学科的核心期刊,核心期刊的确定,不但能使图书馆节省经费、收藏空间、人力和物力,而且能使读者以最少的精力和时间,获得最有用的、最大量的信息。

核心期刊一般指某学科期刊中,被借阅、利用和引用次数较多,能反映本学科的学术水平,为科技界广泛重视的期刊。所谓"引文率",就是期刊论文被其他作者引用的数字。有人认为,目前全世界出版的科技期刊超过 5 万种,但重点期刊只有 3000 种左右。每一学科或专业都有重点期刊,例如,世界上出版的电子学及其相关的期刊约有 900 多种,其中经常被摘用的为 16 种;冶金类期刊约有 1300 种,其中被认为比较有名的约有 100 种,苏联《冶金文摘》经常摘用的只有 61 种。

确定核心期刊的方法很多,例如:①征求专业人员的意见,了解哪些期刊代表专业的发展水平? 哪些期刊对本专业科研生产有较大参考价值。②对借阅和引用数量进行统计和分析。美国科学情报学会(Institute for Scientific Information)出版的《期刊引文报导》(ISI Journal of Citation Reports)曾鉴定了 1000 种常用期刊,对每种期刊都说明被引用的次数,哪些期刊被引用过以及引用年代,同时也说明每种期刊引用其他期刊的名称、年代及总次数。它可帮助我们了解这些期刊的参考价值,几种期刊的关系等,可作为我们订购时的参考。③对本专业文摘、重要出版物摘用的期刊进行统计分析。例如,笔者曾对有关铁路专业的 6 种外国文摘(美国、日本、英国、西德、国际铁路联盟出版),以及我国科学技术文献出版社出版的《国外科技资料目录(铁路运输分册)》所摘用的期刊进行分析,从中选择出本单位常用的期刊 40 种左右。④确定某一专业的重点期刊,还可了解本专业所属各单位对期刊的订购和使用情况。例如,我国铁路系统 1979 年选订外文铁路专业期刊中,30 种期刊为 10 多个单位选订,说明这些期刊适用于铁路各业务范围,而且对我国铁路运输有较大的参考价值,因此这些期刊可定为铁路专业的重点期刊。

应该指出,上述这些办法是相辅相成、互为补充的。事实上在工作中不少同志自觉地采用了这些办法。同时,每个单位订购期刊的数量多少不一,因此重点期刊不是一个绝对数字,而只能根据实际情况自行选择。

2. 逐步实现期刊入藏的合理布局。

文献资源布局的协调平衡是目前图书情报界研究的重要课题之一。由于管理体制而造成文献分布的不合理,使期刊和其他类型文献一样,存在着许多亟待解决的问题:①引进的品种少,每年我国订购的外文期刊约 2.6 万种,占世界出版量 1/6 左右,一些学科期刊缺乏;②期刊入藏的重复现象严重,由于“小而全”、“大而全”的思想以及封闭性图书馆体系的局限,使同一地区、同一部门,甚至同一单位内重复订购同一种外文期刊的现象屡有发生;③资源布局不合理,每年进口的外文期刊有 2/3 集中在北京地区,全国其他省市只占 1/3;④图书馆购刊经费来源不足,期刊价格上涨过猛,严重影响期刊的入藏。

为了改变目前期刊布局不合理的局面,近年来发表了不少文章,来探讨这一问题。另一方面,一些图书馆开始开展协调与协作,例如国防科工委系统几个情报所,采取协作办法,分担重点专业期刊的订购;1987 年 5 月吉林省情报网召开原版期刊订购协调会议,探讨协调的必要性和可能性,对与会馆的协调工作有很大推动作用。

根据当前改革开放的形势,实现期刊入藏的合理布局,可从以下几方面考虑:

①按系统、按专业进行协调。目前我国已形成不同系统、不同专业的文献系统,例如科学院系统、社会科学院系统、高校系统、中央各部委各专业文献系统等。这些系统一般已形成文献中心,或存在业务上的各种关系,可通过相应的管理职能部门(例如各部委科学技术委员会、高校图书馆工作委员会、中国科学院情报文献中心等)进行协调。

②按地区横向联合,形成国家级、地区级的区域布局,确定同一地区外文期刊的复本率,就扩大入藏品种、一般性期刊的入藏、馆际互借等问题进行协调,逐步形成全国性、地区性与专业性的文献收藏中心。经过全国统筹规划,逐步形成期刊入藏的合理布局,并通过各项服务工作的改进,达到资源共享。

第二节　期刊收集工作的几点要求

一、熟悉馆藏情况

期刊收集工作必须做到心中有数。这个"数",包括掌握本单位历年来入藏期刊的变化,变化的原因,哪些期刊入藏较多,哪方面是收集工作的薄弱环节等。有些单位由于考虑不当,某个时期停订了一些外文期刊,中文期刊也收集很少,加上从事期刊收集工作的人员经常变换,不熟悉期刊订购业务,不了解馆藏情况,造成期刊订购工作上的空白,由于期刊收集工作薄弱而造成参考资料缺乏,给科研生产带来严重影响。

二、经常了解读者的要求

读者的成分和要求是经常在改变的。作为期刊收集人员必须经常了解这种变化。例如，哪些单位(研究所、车间或科室等)需要;哪些人(研究人员、技术人员、管理人员或工人等)需要;为什么(为研究、作规划、调查或教学等)需要;什么时候(定期或随时)需要;要求什么(过去、现在还是将来的刊物,中文还是外文的,学术性还是情报性刊物等)。

了解读者需要,征求读者意见有下列几种方法:①召开座谈会。一般以1—2年召开一次较为合适。座谈会能较集中地了解读者的意见和要求,但会上难以对期刊的收集提出具体的意见。②举办新入藏的期刊展览。特别是收集较多期刊时,举办新刊展览既能及时宣传新刊,又能了解读者的意见。这种办法可做到读者对期刊的具体的评价,对于期刊订购工作很有帮助。③研究分析读者借阅、复制期刊的情况。例如,统计、分析一个时期(三个月、半年以至一年)期刊出借和复制情况,包括种次、人次等,对于一些收集工作人员了解不多的期刊,这种统计分析工作尤为重要。④经常与不同专业和要求的读者联系,随时记下他们提出的意见和线索。

当然,我们所说的征求读者意见,了解读者要求,并不是说某读者提出增订或停订什么刊物,我们就一概照办,应该看到,读者的选择,与本人的专业、兴趣有很大关系,而且往往带有一定的主观片面性。在这种情况下,期刊收集工作人员应根据收集工作的原则和计划,把来自读者的意见归纳、分析,作出符合客观实际的判断。这就需要我们努力提高科学技术文化水平和业务能力,才能做到集思广益,既不滥订,又不漏订,收集工作才会不断提高水平。

三、及时掌握期刊的出版动向

这是搞好期刊收集工作的重要条件。期刊创刊、停刊、合并、分开、改名等情况经常发生。例如,英国出版的《国际铁路工程》(Rail Engineering International)杂志于1976年与《铁路工程杂志》(Railway Engineering Journal)合并,改名《铁路工程师》(Railway Engineer)。1978年7—8月,《国际铁路工程》复刊,便将《铁路工程师》与《铁路工程杂志》合并。了解这些变化,才不致漏订所需期刊。

有许多中文期刊于1966年被迫停刊,近年来又纷纷复刊。随着科研生产的发展,大量新刊陆续创刊。至于发行情况更是千变万化。不少中文期刊改由邮局办理订购手续,可是事前事后均没有通知订户。有的期刊,如《机械工程学报》(季刊)于1979年3月复刊,由机械工业出版社出版,但不接受订户,由中国书店零售,1980年改由邮局发行。对于这些期刊的出版发行动向,收集人员必须经常地、及时地掌握。

掌握期刊出版发行动向的方法:①期刊的广告。例如,全苏科学技术情报研究所出版的快报类刊物,在年末的期刊末页刊登"读者注意",报道下一年各类快报出版情况。中文期刊的创刊、征订消息,在《人民日报》、《光明日报》、《中国新闻报》等主要报纸,以及各种期刊上经常刊登广告。国外一些学术团体或出版机构也经常主动向我国有关人员和单位介绍新出版的期刊。②利用期刊目录。例如,中国图书进出口公司编印的《外国报刊目录》及其补充目录,对于期刊的变化情况进行报道。③定期了解中文期刊发行情况的变化。不少期刊由内部发行改由邮局发行,或由邮局发行改为自办发行,而这种变化又往往不通知订户,如果不经常了解发行情况,势必会漏订一些期刊。④在进行现刊登记过程中,发现期刊长期不到馆(即缺期),应向出版发行单位查询。这在中文期刊方面尤其重要。通过对缺期期刊的查询,可以了解哪些期刊已停刊,哪些期刊已改名,哪些期刊发行办法有所改变。

四、重视期刊的评价工作

期刊的评价工作,包括了解期刊的质量,期刊的使用价值与利用率。这是做好期刊订购工作的重要条件之一。

国外评价期刊质量的标准一般有四条:①编辑水平的高低,期刊的稿源是否丰富,编辑部的稿件是否充分。②对本学科中重大事件"首次"报道率是否高。③被其他期刊转载或重印的文章是否多。④期刊文章被其他文献引用率是否高。

首先要了解期刊的编辑出版单位。一般来说,国外一些主要学术团体、主要出版社出版的期刊质量比较好。国内情况也如此,各学会、大学和主要出版社编辑出版的期刊质量较高,一些重要的专业研究和生产部门的刊物也有不少质量较高的文章。因此,了解学术团体和出版单位的历史背景、性质和任务、组织和人员,以及学术水平等,有助于了解它所出版的期刊的水平。

其次,要了解期刊的内容。由于文字、专业的限制,期刊收集人员不可能对期刊内容了解太全面。应依靠专家、科研技术人员,征求他们的意见,注意建立并积累期刊的评价资料,作为订购期刊的依据。

期刊的使用价值和利用率是评价期刊的重要依据。包括阅览、借出、复制的数量统计,二次情报资料(文摘、索引)中摘用的情况,以及在期刊论文末尾的参考文献中被引用的情况等。其中对一些典型事例的分析研究是十分重要的,应经常收集这方面的意见,改进工作,提高订购质量。

确定期刊的使用价值,可以采用经济数量分析的方法,国外和台湾曾载文介绍费用效益分析的方法(也称成本效益分析)。为了使有限的购刊经费取得最大的使用价值,需要进行定量分析,通过比较,选择最理想的订刊方案。费用效益分析应选定科学的指标体系和计算方法,进行数量上的计算和分析。

所谓费用,一般为期刊的订价,应选用同一种币值。期刊的效益,应是本图书馆用以衡量期刊使用价值诸因素的总和,即期刊的总价值。期刊总价值的确定,可采用多目标加权评判法,首先确定目标(使用价值诸因素),然后对每个目标函数确定一个权数,将各目标加权值相加,总为期刊总价值。

费用效益分析的结果为期刊费用效益比率,其计算公式为:

$$费用效益比率 = \frac{期刊订价(P)}{期刊总价值(JW)}$$

期刊总价值中,权数的确定可以征询专家的意见,根据他们对全部期刊提出的估价,求得一个平均值;也可以由图书馆有关人员根据客观实际情况,主要是各因素的重要性、需求性和相关性,提出权数。权数一般以百分比表示,计算时折合为计分方式。不管采用哪种方法,都应保证评估的客观性。

期刊总价值需要经过诸因素的复杂计算,为了较快地得出结果,可采用必要的数学方法和电子计算机技术。

不同图书馆中期刊使用价值的诸因素可有不同的选择,但下列因素应是共同的:

①每种期刊在馆内利用率,包括出纳、阅览、复印等利用频率。馆内利用率对于馆内使用研究更具有实用价值。取得上述数据应对一定时间的流通情况(例如三个月或半年)进行统计,其中阅览人次的统计在开架阅览室比较难以进行,可采取适当措施,并取得读者的合作。

②期刊在检索刊物的使用率,即期刊在检索刊物中被引用的频率。进行这项统计,可选择有关的专业检索期刊,国外比较著名的有《化学文摘》、《工程索引》、《科学引文索引》、《医学索引》、《生物文摘》等。国内目前已出版了相当数量的检索期刊,如《国

外科技资料目录》、《中文科技资料目录》的各分册,各学科、专业的文摘、索引等,选择这些检索期刊进行引文率统计更切合我国的实际需要。统计是为了取得一定时间内某刊被引用的次数的具体数据。

③本馆读者发表的论文中引用期刊的次数。这项统计数字适用于高等学校或科学院中博士、硕士学位论文的引文统计,以及科研图书馆对本单位读者发表的学术论文的引文统计。这项统计可作为上述①、②项统计数字的补充,因为论文中引用的期刊次数并不能完全反映论文作者使用期刊的全部情况。

④专家教授的评议与推荐。采取问卷法的方式,征求经常关心利用图书馆馆藏期刊的专家、教授对期刊作出判断性意见,进行评分统计。

⑤本地区本系统的复本率。对于国外期刊的订购,尤其应考虑是否在本地区、本系统图书馆中能借阅或复印,以及所需费用、时间等,这是影响期刊选购的重大因素之一。一般订刊原则是:对本馆读者很重要,又是本地区本系统唯一订购的期刊,可选购,其他馆已入藏,借阅、复印比较方便的期刊应尽量不订。

⑥期刊一览表的评价。看其他学科或专业性质相近的图书馆馆藏目录,或某一权威性推荐性刊物(例如《医学索引》、《科学引文索引》等)的期刊一览表(或称期刊清单)是否收入被选购的期刊。

除以上效益的衡量外,高等学校图书馆还可以把课程相关性,即期刊是否为课程的必读参考资料作为衡量的因素。

在费用效益分析中,确定效益衡量因素后,应建立决策模式,以求得成本效益比率。

进行费用效益分析时,首先计算出每种期刊的比率,然后按比率从小到大排列,即首先列出费用最低、使用价值最大的期刊,依次排列。现举例说明。

例一:每种期刊费用效益比率计算方法:

刊名:统计学纪事(The Annals of Statistics)

年订价:55(美元)

期刊使用价值诸因素及其权数(统计时间为半年):

期刊总价值(JW)中,根据期刊各因素的重要性、需求性和相关性,确定各因素及其加权值(以 W 表示)如下:

期刊利用率(U),加权值 $W_1 = 30\%$(即 30 分)

博士、硕士论文引用率(CI),加权值 $W_2 = 15\%$(即 15 分)

教师评价(F),加权值 $W_3 = 30\%$(即 30 分)

期刊检索性(I),加权值 $W_4 = 10\%$(即 10 分)

课程相关性(CO),加权值 $W_5 = 10\%$(即 10 分)

期刊他处取得性(A),加权值 $W_6 = 5\%$(即 5 分)

按上述因素从全部期刊中取其最高使用数作满分,计算每一分的值,再求得某刊的实际分值,据此,《统计学纪事》一刊各因素的实际分值为:

W_1U:最高利用率为 30 分/20 人次,该刊借阅人次为 4 人次,实际分值 $4 \times 30/20 = 6$ 分。

W_2CI:最高引用率为 15 分/18 次,该刊被引用 10 次,实际分值 $10 \times 15/18 = 8.4$ 分。

W_3F:根据印发的 32 张调查表中 5 项意见,认为必订(30 分)者 18 人,需要(24 分)者 3 人,一般可订(18 分)者 7 人,不表态(12 分)者 3 人,删除(6 分)者 1 人,将各加权值相加,然后取其平均值:$(30 \times 18 + 24 \times 3 + 18 \times 7 + 12 \times 3 + 6 \times 1) \div 32 = 24$ 分。

W_4I:根据《科学引文索引》、《数学评论》、《工程索引》1985 年收录的期刊一览表统计,3 刊均收录—10 分,2 刊收录—7 分,1 刊收录—4 分,全不收录—0 分。该刊被 2 刊收录,得 4 分。

W_5CO:根据 8 个教研室的调查表统计,认为期刊为课程必须(10 分)者 3 室,一般参考用(7 分)者 2 室,不表态(4 分)者 2 室,不需要(2分)者1室,依 W_3F 值计算方法,得7分。

W_6A:按本地区仅本馆入藏—5分,邻近学校或其他图书馆有重本—2分,该刊得5分。

$$JW = W_1U + W_2CI + W_3F + W_4I + W_5CO + W_6A$$
$$= 6 + 8.4 + 24 + 4 + 7 + 5 = 54.4$$

$$C/B = P/JW = 55/54.4 = 1.01$$

即:《统计学纪事》的费用效益比率为1.01。

例二:计算出每种期刊的费用效益比率后,按比率自小到大排列成表:(见92页)

我国图书情报部门订购期刊时,往往根据订购人员或决策者的经验、学识等主观因素比较多,不同专业、不同水平的订刊人员在选择期刊时,会产生不同的结果。采用费用效益分析的方法选择期刊,是运用现代管理的理论和手段来进行期刊选择,其目的是以最低费用购进本馆最有用的期刊,以求得科学化、合理化解决期刊的选择问题。这种方式对于订购外文期刊显得更重要。

期刊费用效益比率统计表

刊号	C/B	刊名	P	U	CI	F	I	CO	A	JW
513 B59	0.857	The Annals of Probability 概率论纪事	48 (美元)	15	7	16	7	6	5	56
519 B04	0.952	Mathema tics of Computation 计算数学	60 (美元)	17	14	20	4	6	2	63
513 B01	1.01	The Annals of Statistics 统计学纪事	55 (美元)	6	8.4	24	4	7	5	54.4
510 C02	2.966	Journal of the London Mathematical Society 伦敦数学会会志	123 (英磅)	10	10	22	7	8	2	59
510 E01	24.229	Mathematichse Annaien 数学纪事	1696 (马克)	3	5	15	4	3	5	35
...	...	...								

注:英磅与马克均应按兑换率换算成美元,以统一币值。

第三节　期刊收集的方法与途径

一、订购

订购是目前国内收集期刊的主要途径。

每个图书馆和情报部门大部分经费都花在订购期刊上。在美国,1950 年图书馆订购书刊的经费之比约为 3∶1,1980 年则颠倒为 1∶3。美国部分大学图书馆购刊费占书刊总费用的 90%。在我国,许多高等学校图书馆订购书刊的经费亦达到 3∶1 的比例,一些理工科院校的比例更高。情报部门的购刊费大大高于购书费。其中很大一部分购刊费被用来订购外文期刊。过去中文期刊多以交换赠送获得,现在有不少要通过订购获得,也要花费一定的经费。因此,在期刊选择上下功夫是十分重要的。

选择期刊要注意几个问题:①了解本单位的经费、任务、读者的需要、业务范围,从而确定订多少期刊。②要注意期刊的内容和文字是否合适。在历年订购国外期刊工作中,发现一些单位往往只根据刊名提订单,有的把本单位没有人看得懂的西班牙文或意大利文的期刊也订购了,这样做势必浪费人力物力。③订期刊之前,最好到与本单位专业有关的单位进行调查,通过看实物进行选择。中文期刊也一样,需要到有关单位了解哪些期刊对本单位有参考价值,然后想办法收集。

选择外文期刊有下列几种常用的目录:

《外国报刊目录》,中国图书进出口总公司编印,五年编印一次。五年之间,每年编印补充目录,报道每年发现的新刊以及期刊的停刊、合并等变化情况,大多数期刊有简介。该目录是一本大型的综合性外国报刊目录,1984 年出版的第 6 版共选编了 100 多个国家和地区的报刊 24167 种。

　　该目录有两种版本，一种叫"分类本"，其编排顺序是先按大类排，同一类期刊按出版国别排；另一种叫"分国本"，其编排顺序是先按出版国别顺序排，同一国家的期刊按大类排。为了便于查找，另外编印"索引本"，按期刊刊名字顺排列，索引分西文、俄文、日文三部分。目录中收入的每一种期刊都有一个期刊号，期刊号前三位数字是分类号，中间的拉丁字母是出版国代号，例如，A—德意志民主共和国；B—美国；C—英国……。拉丁字母后面的数字是该国出版同一类期刊中，我国收入的第 × 种期刊。目录的著录项目包括：刊号、刊名、创刊年代、刊名沿革、出版机构与地址、出版国别、出版规律、订价、中译刊名和内容简介等。

　　《乌利希国际期刊目录》（Ulrich's International Periodicals Directory），美国鲍克公司（Bawker）出版。现已出版至 1977—1978年第 17 版。该目录是综合性目录。在第 17 版中，收入 170 多个国家 57000 多种期刊，其中包括我国出版的期刊，但数量很少。该目录每二年出版一次。目录中分 250 类，凡一种期刊涉及两个以上学科，则以一个类目为主列出此刊，并在相关类目列出互见条目。每一种期刊的著录项目有：刊名，刊名沿革，出版周期，使用文字，出版者，订价，创刊年代，内容特点，杜威十进分类号等，第 15版开始增加国际标准刊号。该目录还附有"国际组织出版物索引"和"刊名索引"。

　　《标准期刊指南》（The Standard Periodical Directory），英国剑桥大学出版社（Oxbridge Publishing Co. Inc.）出版，包括美国、加拿大出版的期刊 62000 种，共分 220 多类。其主要部分先按类排，再按刊名字顺编排。另有刊名字顺索引，索引中只有分类的号码，而不是刊物所在的页数。

　　《威灵氏报刊指南》（Willing's Press Guide），这是查找英国报刊的主要工具书，其主要部分按刊名字顺排，有分类索引，另附录外国报刊,按出版国排。

《格劳斯豪斯公司期刊目录》(Grosshaus Wegner & Co. Zeitschriften),包括西德和民主德国出版的期刊和其他国家用德文出版的期刊,其正文部分按刊名字顺排,有主题分类索引。

《日本新闻杂志便览》,包括日本各地出版的报纸,各种行业的报纸和期刊。其正文部分按行业的分类排,有出版社和新闻社索引。

《国际期刊目录》(International Serials Catalogue),国际科学协会理事会文摘部(ICSUAB)编纂,共收入科技期刊3万余种。目录分两部分,"国际期刊目录"部分按刊名字顺排,缩写的刊名附有国际标准刊号和编码,另有索引部分。

《连续出版物资料源》(Sources of Serials)第一版,美国鲍克出版社1978年出版,是《乌利希国际期刊目录》、《不定期连续出版物与年鉴》、《乌利希季刊》上所报道出版物的出版社与团体作者的资料档案。共编入181个国家与地区的63000个出版社与团体作者,及由它们出版的9万种连续出版物。该书按国家与地区编排,每个国家与地区按出版社或团体作者的字顺编排。此外还有4000个关于有几个刊名的连续出版物和有多级结构的机构参见项目。卷末附有出版商/团体作者索引。

国外出版的期刊目录还有:英国的《技术与专业期刊目录选》(Technical and Specialised Periodicals – A Selected List)、《法国报刊目录》(Repertoire de la Presse et des Publioations Periodiuqes Francaises)等。介绍全世界各国全译和摘译成英文的期刊目录有欧洲翻译中心(European Transations Centre)出版的《翻译杂志》(Translations Journal),每年一册。

选择中文期刊的工具书近年出版不少,主要有:《全国报刊内容汇编》,北京市邮政局编辑出版,1985年创办,年刊,内容包括邮局发行的各刊刊名、办刊宗旨、刊物特色、读者对象、刊期、定价、编辑发行情况等。此外,有《中国现行邮发报刊大全》(《中国报刊》编辑出版)、《中国出版发行机构和报刊名录》(高国淦主编,现代出版社1985年出版)等。一些省市的图书情报部门也编辑出版本省市报刊的简介,例如湖南省图书馆编辑出版的《湖南地方报刊大全》上、下编等。

除了期刊目录,国外一些学术团体、研究机构的总览之类,也是了解和选择国外期刊的工具。例如日本《全国试验研究机关名鉴》等,不但介绍日本的学协会组织的情况,而且还介绍他们出版的刊物,从中可以获得不少的线索。

二、交换

刊物交换工作既是获得期刊的一个途径,也是科技文化交流与情报交流的一种手段。无论国外还是国内,都有一些研究机构、文化团体和大学出版的期刊,不公开出售,而是通过交换才能得到。

世界各国图书馆的书刊交换工作已有较长久的历史。早在十七世纪到十八世纪,欧洲已开始产生出版物的国际交换工作。科学研究的发展与科学出版物的不断增长,特别是随着科技期刊数量的增长,使各研究机构和组织之间相互交换工作得以加强,交换的原则和对象向标准化发展的趋势已变得很明显。第二次世界大战后,一个明显的趋向是双边和多边的较为紧密的国际协作增加了,作为图书馆藏书的来源和手段的传统方式之一,国际出版物交换范围越来越大,国际交换合作新规律的讨论就显得更加重要。

目前,各国许多较具规模的图书馆或情报部门,都开展国际间书刊交换业务。例如,日本国会图书馆入藏的近一万种外国期刊中,约19%的品种是交换来的。苏联和美国书刊交换工作始于1921年。当时苏维埃政权成立不久,美国伊利诺斯大学图书馆写信给列宁,提出以该大学的出版物交换苏联的政府出版物。列宁亲自批示:"同意交换图书。"从此,苏、美两国图书交换工作一直持续下来。据统计,国立列宁图书馆与美国 435 个图书馆、出版社、研究所、大学和书商有往来,平均每年寄给美国的期刊为 24000—25000 份,而收到来自美国的交换期刊 21000—22000 份。近五年来列宁图书馆与美国有书刊交换关系的组织增加了 50%。波兰科学院图书馆和各大洲 108 个国家、研究所和学术机构保持交换关系,从国外收到将近 3000 份期刊和大量科学书籍。英国不列颠图书馆外借部在 70 年代末拥有现期期刊 5 万种左右,其中约 1.3 万种通过国际交换获得,包括苏联期刊 2343 种,美国期刊 1668 种①。匈牙利科学院图书馆期刊总藏量的 75%—80% 依靠国际交换获得。该馆把匈牙利科学院出版的 100 种学术期刊用作交换,与 81 个国家 1600 个单位建立了交换关系。②

我国国内期刊交换工作开展较活跃,而国际间交换工作,目前只限在少数大型图书馆、情报中心及大学、科研机构图书馆之间。1964 年,北京图书馆通过交换关系,获得国外期刊 5463 种,而 1983 年,该馆则与 114 个国家和地区近 1996 个单位建立了书刊交换关系,1977—1983 年每年平均获得国外期刊 3000 种左右,寄出 790 种,节省外汇 63 万元左右。在国际书刊交换工作中,一些单位已积累了不少好经验。南京地质古生物研究所发动科研人员提供线索和来源,利用出版社的出版物,不断扩大交换关系。目前该所与五大洲近 70 个国家的 300 多个单位建立了交换关系。通过交换来补充过期期刊、缺期期刊。例如,波兰《古植物学报》,该所过去没有,通过交换后收到了自 1960 年起第 1 至 12 卷。目前交换工作已越来越为人们重视,不少图书馆、情报部门已在着手开

① 见《情报科学》1980 年第 4 期第 66 页。
② 见《图书馆理论与实践》1987 年第 1 期第 77 - 78 页。

展国际书刊的交换工作。

开展国内外书刊交换工作,必须建立相应的机构。一些较具规模的图书馆和情报单位都设有交换部门,进行交换活动。例如,国际图书馆协会联合会(IFLA)设立交换委员会,欧洲各国一般都设有国家交换中心,各图书情报单位也设立相应的机构。我国的图书馆、情报单位的书刊交换工作一般由采访部、采购组负责,由他们根据本单位的性质、业务范围及需要,与国内外有关单位建立交换关系。

开展书刊交换工作需要解决两个问题:

第一,与哪些单位建立交换关系?即交换对象问题。开展书刊交换的单位一般有四种:①国内外的全国性组织;②各政府部门;③科研机构和学术团体,以及大型厂矿企业;④图书馆情报部门。在确定交换对象之前,首先要调查了解对方情况,是否确实与本单位业务有关,该单位提供交换的出版物的质量和出版情况等。了解国外交换单位情况,可通过下列出版物:

《欧罗巴》(Europa);

《世界学术机构》(The World of Learning);

《国际组织年鉴》(Yearbook of International Organizations);

《美国工业研究所》(Industrial Research Laboratories of the United States);

《美国大学研究局与研究所指南》(Directory of University Research Bureau & Institute);

《美国协会名录》(Encyclopedia of Associations);

《美国大学与学院》(American University & Colleges);

《德国科学学会手册》(Handbuch der Deutschen Wistenschaft ischen Gesell Schaften);

《英国协会名录》(Directory of British Associations);

《英国学术机构》(Scientific & Learned Societies in Great Britain);

《法国图书馆与文献组织名录》(Repertoire des Bibliotégues et Organismes de Documentation);

《日本全国研究机关名鉴》;

《日本团体名鉴》;

《专门情报机关总览(和文编)》。

此外,联合国教科文组织出版的双月刊《图书馆通报》(Bulletin for Libraries)中,为读者提供了世界上40多个国家的国际交换中心图书馆的地址,并辟有交换专栏,报道各国各类图书馆关于书刊交换的情况。

了解国内交换单位的情况,目前没有现成的出版物,只能利用国内出版的中文期刊简介、目录索引,从中了解期刊的出版情况及出版单位。另外,加强与本系统、本地区图书情报中心的联系,以便了解与本单位专业对口的期刊出版单位及其出版情况,以确定交换对象。

第二,交换出版物的确定。应该明确:①什么出版物可以用于交换?②用这些出版物可交换些什么?③通过交换得到的出版物与本单位专业是否对口?能否满足本单位的需要?满足到何种程度?

交换出版物的确定,很大程度上影响交换的数量与质量。波兰科学院水生生物实验室图书馆仅仅订购49种外国期刊,通过交换获得的近期国外科学期刊却有194份。该所科研人员的要求有4/5是通过交换得到满足。其中重要的原因之一是该所编辑出版了《水生生物学报》作为交换刊物,每一期有400多份送往国外,并规定除实验室本身外,其他个人无权以交换为目的对外赠送。这一例子说明对于专业科学研究机构来说,出版自己的科学出版物,质量比较高,就创造了连续进行交换的可能性。对于交换的刊物,使用的语言也应考虑,如果使用的语言在世界上越普遍,则交换得来的国外刊物可能性越大。至于国家交换中心,其交换的出版物种类更多,面更广。另外,因为国家交换中心还担负国家对出版物交换工作的控制和调节作用,可以大量购买出版物供交换用,向国外寄送。

在国内交换工作中,存在的主要问题是:原来有交换关系的单位,他们出版的刊物全部交邮局发行或收订款,于是,突然通知原来交换的刊物一律不交换,统统收费。这是从上述第一个极端走向另一个极端的问题。事实上,刊物交换本身就意味着等价或不等价交换。交换工作包含科学技术的交流与情报交流,我们既反对过份强调成本核算,影响科技及情报交流,也反对不问交换对象的需要而滥发刊物。出版物较多的单位,可以根据具体情况,确定用作交换的刊物,只有这样,才能把交换工作做好。

国外交换中,交换原则总的要求是“基本对等”。国际交换的惯例一般按书刊的定价计算或“刊对刊”、“种对种”的方式交换,但各国书刊差价很大,我国书刊价格低廉,国外很多书刊却不标明价格,因此很难掌握他们的价格。我国出口的期刊均标明价格,如果在交换中增加收费标准,国外就有反映,造成国际交换的困难。目前有的单位专门出版供交换的期刊,采取不标价方式,以解决国际交换中存在的问题。

第四章　期刊的分类

第一节　期刊分类工作的内容与特点

期刊分类工作主要包括新入藏期刊及改刊名期刊的分类,以及图书情报部门改用新期刊分类表时,对馆藏期刊进行的重新分类。

进行期刊分类,首先要了解期刊内容和编排方式等方面与图书的不同,同时,要掌握期刊分类表的结构和使用方法。

改用新期刊分类表时对期刊的重新分类工作主要是:①更改记到目录和分类目录中的分类号;②更改分类排架中的排架次序;③过刊合订本的重新分类。上述各项工作中,比较麻烦的是过刊合订本的重新分类。一些图书馆的过刊合订本(主要是外文期刊)精装烫金,分类号或直接"烫"在封面与书脊上,或粘牢在刊上,粘贴新分类号技术上有一定困难。北京图书馆曾研制成功一种书标,可以粘贴得很牢固,但目前尚未投入生产。过刊合订本重新分类的同时,可进行期刊筛选剔旧工作。一般来说,期刊改分类号应考虑一种期刊的完整性,不宜采用"断代"办法按某一时期划分改号标准,尤其是馆藏重点期刊,应全部改号。

有的期刊的内容专业性很强。例如,有专门报道白蚁的生活特性与防治方法的《白蚁科技通讯》,有报道钓鱼活动的《中国钓鱼》等。但是,大部分期刊内容属于多科性,学科范围较大。以大学学报为例,不少大学学报内容包括社会科学和自然科学的学科内容,有的大学则按哲学、社会科学与自然科学两大学科门类出版,自然科学门类的期刊,则包括基础科学和应用科学的论文。此外,一些期刊以某一事物为报道内容,研究的课题包括该事物的不同方面,涉及多门学科。

数百种文学刊物既发表文学作品,同时又包括文学理论的文章。《老年天地》的内容包括社会学、伦理学、医学和教育学等学科内容。不少省市地方性刊物综合报道科学技术方面的动态、信息,因此情报刊物成为一种期刊编排方式出现在各学科。期刊的编排方式包括大量的大学学报、普及性刊物和检索刊物等。对于这些类型刊物的集中或分散处理,是期刊分类工作中的一个重要问题。

第二节　期刊分类表

期刊分类的主要依据是期刊分类表。目前国内各图书情报部门使用的期刊分类表不统一:有的使用《中国图书馆图书分类法》(简称《中图法》)简表,有的使用《外国报刊目录》中的分类表(主要用作外文期刊分类),有的则自编期刊分类表。

为了便于进行统一分类,《中图法》编辑委员会编制了《〈中图法〉期刊分类表》,经多次修改后,1987 年 2 月由书目文献出版社正式出版。这是我国第一个专门用于国内外期刊分类的分类表。

该分类表包括主表和三个附表:形式复分表、世界地区表、中国地区表。

主表体系与《中图法》相同,共 22 大类。大小类目共 1089个,为《中图法》主表类目总数的 43%。其中文、史、哲方面类目(A—K 类)363 个,占期刊分类表主表类目 1/3,工程技术类(T

类)类目 355 个,也占主表类目 1/3,其他内容占 1/3。

该表分类深度,社会科学门类一般分至 2—3 级,自然科学门类分至 3—4 级。

主表的类目设置与各类的学科范围与《中图法》基本相同,但结合期刊特点作适当调整。例如:

社会科学门类中,学科理论方面类目,例如"B0 哲学理论"、"C0 社会科学理论"、"D0 政治理论"等,除收入理论性刊物外,兼收该学科综合性刊物。

"I22/29 中国文学"类各种文学体裁的类目,兼收入该文学体裁的作品和作品评论与研究方面内容的刊物。

"TD8 各种矿产"类刊物内容包括各种具体矿床的地质、勘探。

此外,"Z 综合性刊物"类的类目设置作了较大的调整。二级类目包括综合性科学刊物、学报、普及性知识性刊物、画报、检索刊物,以及少数民族语文刊物、盲文刊物、文摘、索引等。

附表主要是形式复分表和地区复分表。形式复分表主要用于综合性刊物的细分,是为适应期刊出版的实际情况而编制的,使同一学科内容的刊物可按出版特征进一步细分。

形式复分表共设置 6 类,其内容包括:

　-0　学术理论性刊物

　-1　情报性刊物

　-2　机关、团体工作性刊物

　-3　大学学报

　-4　普及性刊物

〔-7〕　检索性刊物

形式复分一般用于主表中一、二级类目,形式复分号可直接加在主表分类号之后。

地区复分表包括世界地区表和中国地区表,一般用于主表中注明"依世界地区表分"或"依中国地区表分"的类目,使用时将复分号直接加在主表分类号之后。一般来说,在主表中已列出各地区(如亚洲、欧洲等)的类目,例如:

K3　亚洲各国历史

K4　非洲各国历史

K5　欧洲各国历史

K6　大洋洲各国历史

K7　美洲各国历史

一般图书馆可依主表进行分类,对于专业图书馆或藏书量较大的图书馆,则可根据本馆性质任务和刊物入藏情况,依世界地区表对上述类似的类目按国家进行细分,例如:

K313　日本历史

K351　印度历史

不少单位进行外国报刊分类时,使用《外国报刊目录》的类目表。该类目表以《中国科学院图书馆图书分类法》的基本类目为基础,分类深度为二级类目,每个类目均采用三位数字作标记符号,类号简明易记。

类目表的分类号是《外国报刊目录》收入的各报刊代号的重要组成部分。报刊代号由分类号、出版国代号、种次号三部分组成,例如:

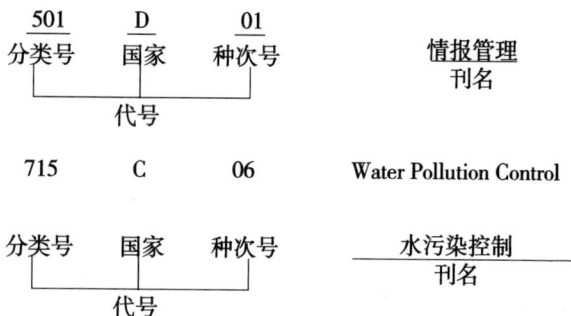

<u>501</u>	<u>D</u>	<u>01</u>	<u>情报管理</u>
分类号	国家	种次号	刊名

代号

715	C	06	Water Pollution Control

分类号	国家	种次号	<u>水污染控制</u>
			刊名

代号

类目表共有 230 类,为《〈中图法〉期刊分类表》的 1/4,其中社会科学 53 类,只占全表 23%,科学技术 170 类,报纸 1 类,出版物报道 6 类。

类目表中类目的设置与目录收入外国报刊的内容有关,例如工程技术共 77 类,占全表 1/3,收入的刊物也比较多,经济类(10类)和政论、时事类(9 类)主要为对有关各地区、国家研究的刊物。

此外,外国报刊按类目表进行分类时,虽然没有明确的分类规则,但细加分析,可以看出,对于一些刊物不是按学科内容分类,例如 IEEE 汇刊包括各不同学科 30 多种刊物,目录中却按 IEEE 的学科性质归入"734 电讯工程"类,刊号为 734B17,各专业组编辑出版的刊物在上述刊号下细分,例如:734B17-39 IEEE Transactions on Medical

Imaging IEEE 医疗显像汇刊

又如对于文摘、索引类检索刊物,目录中按内容分散入各学科门类中,例如:

530D51 科学技术文献速报 物理、应用物理编

540D04 科学技术文献速报 化学、化学工业编(国内编)

780D65 科学技术文献速报 机械工业编

由于该类目表类目较粗,而且与《〈中图法〉期刊分类表》的分类体系不同,要进行两个分类表的转换比较复杂,但是对于外文期刊分类来说,利用刊号中的分类号作为参考还是有一定作用的。应该肯定的是,它的类目注释说明比较详细,主要是类目范围比较清楚,因此使用时较方便。

第三节 期刊分类方法

本节主要以《〈中图法〉期刊分类表》为依据,根据期刊的特点

及出版情况,对期刊分类工作进行初步探讨。

一、一般分类方法

1. 期刊分类主要根据期刊内容的学科性质归类,不能只按刊名归类。例如《摇篮》是某军事学院出版的刊物,不是少年儿童刊物;《北方科技》是国营北方工具厂科研所出版的刊物,不是报道我国北方科技的刊物;《战略研究通讯》是研究经济社会发展战略,不是军事战略。

2. 许多期刊学科内容专指度很高,而期刊分类表的类目较粗,如果期刊分类表中难以确定期刊的类属,应按分类体系参考《中图法》或《中国图书资料分类法》的相应类目归类。例如《男性学杂志》,根据《中图法》类目内容归入"R69　泌尿科学";《民族珠算》则归入"O12　初等数学"。

3. 为帮助使用者正确归类,期刊分类表增加了类目的范围注释,分类时应注意类目注释的指示。例如,根据类目注释,《低压电器》归入"TM5　电器";《国外医学:医院管理分册》归入"R19保健组织与事业"。

4. 分类时应正确理解类目的含义及其学科范围,例如,"Z综合性刊物"是指期刊内容包括自然科学和社会科学的刊物,如果只包括社会科学的学科内容,应归入"C　社会科学总论",只包括自然科学或科学技术的学科内容,则归入"N　自然科学总论"。

5. 期刊的编辑单位是分类时可资参考的重要因素,尤其是科学技术刊物,编辑者的学科性质有助于我们辨类。例如《四川纺织科技》是四川省纺织工程学会编辑的,其内容亦以纺织技术为主,应归入"TS1　纺织工业";《四川纺织品通讯》由四川省纺针织商品科技情报站编辑,主要介绍纺织品的商业知识,应归入"F76商品学"。

6. 期刊改名后,如果期刊内容及编辑单位没有改变,可归入改名前的类目,如果期刊内容随之改变,应重新归类。例如,《邮电技术资料》改名《四川邮电技术》,期刊内容、编辑单位及总期号不变,分类时仍归入"TN91",排架号也不变;《镇江农业机械学院学报》改名《江苏工学院学报》,期刊内容发生变化,由农业机械变为理工科综合性学术刊物,分类时按新刊处理,重新按学科性质归类。

7. 国内外不少期刊的刊名包括编辑出版单位名称,例如学校校名、学会名称、工厂或企业名称等,有的单位编辑出版多种刊物,而且刊物分属不同学科。对此,有的图书情报部门根据出版形式,按编辑出版单位集中归类。例如,美国电气与电子工程师协会(IEEE)出版的几十种刊物,内容包括固体电路、计算机、车辆工艺、核科学、地球科学等等,有的单位全部按电气与电子学集中归类。我们觉得应以刊物内容为分类的依据,刊物编辑、出版单位的研究范围等,只作为分类时考虑的一个因素。对于读者来说,了解编辑出版单位出版的所有刊物,应通过著者目录查找,而不应通过分类目录查找。

8. 不少期刊的内容包括两个分属不同学科的主题,分类时应根据具体情况分别处理:

①期刊分类表中有分类指示或规定,应照期刊分类表进行归类。如分类表中,"R38 医学寄生虫学(人体寄生虫学)"类规定:"总论寄生虫学与寄生虫病的刊物入此。"因此,《寄生虫学与寄生虫病杂志》归入"R38"。

②如期刊分类表中没有明确规定,分类时可作以下处理:

如果两个主题属包含关系,即一个主题是另一主题的上位概念,应归入上位概念的类目,如《中国草原与牧草杂志》入"S812"。

如果两个主题中有一个是重点报道的主题,则按重点入有关类目,如《消毒与灭毒》季刊主要报道微生物流行病的研究,入"Q93"。

如果两个主题属并列关系,可根据本单位读者的需求归类,也可按主题先后排列次序归入第一个主题的类目。这类刊物数量不少,分类时应作参见分类。如:

《岩石矿物学杂志》可归入 P57 或 P58

《海洋与湖沼学报》可归入 P7 或 P33

《生物化学与生物物理学报》可归入 Q5 或 Q6

③内容包括三个主题的期刊可归入它们的上位类,例如:

《岩石矿物及测试》归入"P5 地质学"

9.许多期刊的内容包括对某一学科的研究及其应用,分类时可按学科性质归类。例如:《数理统计与管理》主要内容是普及数理统计学及科学管理的知识,可归入"O21 数理统计",加参见分类号 C93;《控制理论与应用》可归入"TP1 自动化基础理论"。

二、各学科期刊的分类方法

1. A 马列主义、毛泽东思想类。

有关马列主义、毛泽东思想的学习和研究均入此类。例如《毛泽东思想研究》)。

2. B 哲学类。

本大类包括世界及各国的哲学、哲学史,以及逻辑学、道德哲学、美学、心理学、宗教与无神论等学科的期刊,其中"B0 哲学理论"和"B84 心理学"的期刊最多。哲学理论类包括各种哲学思想、体系(例如唯心论、辩证法、形而上学等)、各种哲学流派(例如现象学、存在主义等)的刊物;心理学刊物在《外国报刊目录》中收入 130 多种。

分类时,世界及各国哲学、哲学史入 B1/7,包括对哲学家哲学思想的研究,例如《康德研究》、《黑格尔研究》均入"B5 欧洲各国哲学"。根据分类表规定,《东方哲学》入"B3 亚洲各国哲学";《西方哲学》入"B5 欧洲各国哲学"。

3. C 社会科学总论类。

本大类包括统计学、社会学、人口学、管理学、人才学等。

总论文史哲的刊物入"C0 社会科学理论";

总论婚姻、家庭、老年生活的刊物入"C913 社会生活",如《老人天地》、《退休生活》、《现代家庭》等。

"C8 统计学"只收入总论统计及统计学的刊物,例如《统计研究》、《应用统计学》等;各专业的统计刊物入有关专业类目,例如,《商业统计周刊》入"F71 贸易经济理论"。

4. D 政治、法律类。

本大类包括世界和各国的党派、团体、政治事件与时事、政治制度、政治思想教育以及法律等。

中国共产党各级党委机关刊物和理论刊物、党校报刊等均入"D20 党的建设",如《求是》、各级党校出版的《理论学习》、《教学参考资料》等。

青年和学生阅读的综合性刊物,入"D43 青年,学生",如《中国青年》、《中学时代》等。

少年儿童、少先队的刊物入"D439 少年、儿童",但儿童文学方面的刊物入"I28 儿童文学"类。

中国全国人民代表大会、国务院等政府出版物入"D62 政治制度,国家机构"类。

《外国报刊目录》中收入大量各大洲、各地区或国家综合研究的刊物,分类表中规定,有关国家或地区综合研究的期刊入 D73/D77,如《南亚研究》入 D73;有关中国各地方综合研究的期刊入 D67,如《广州研究》、《北京研究》等。但地方经济研究入 F12。《刑侦研究》入"D918 刑事侦查"。

5. E 军事类。

军事内容的刊物基本上集中在本大类,但军事体育刊物入

"G87　军事体育"，武器的制造、试验、维修等入"TJ　武器工业"中有关类目，武器的使用则入"E92　武器、军用器材"类。

6. F　经济类。

国内外经济类期刊出版数量都比较大。《外国报刊目录》收入 1351 种，其中农业经济刊物 120 种左右，工业经济刊物近 200 种。目前期刊分类表中，经济类的一些类目较粗，给分类工作带来困难，往往一类中集中大量刊物。如果分类表不作修改的话，在组织目录时可对同类刊物的排列进行一些规定，例如按字顺排、按地区排等。

"F0　经济学理论"类收入经济学的综合性刊物，例如我国的《财经科学》、《财经研究》等刊物；国外则出版有关各经济学分支学科期刊，像政治经济学、经济史，以及各经济学流派的刊物，例如《比较经济学杂志》、《宏观经济学杂志》、《激进政治经济学评论》、《经济计量学》、《经济史杂志》等。国外有关经济统计的刊物较多，如《经济统计月报》等，均归入"F22　经济计算、核算"类。

有关销售学、广告、橱窗陈列、工商行政管理的期刊入"F71　贸易经济理论"；城乡贸易、集市贸易刊物入"F723　市场"；商品行情类刊物入"F726　物价"，商品介绍类则入"F76　商品学"。

7. G　文化、科学、教育、体育类。

广播、电视节目的刊物入"G22　广播、电视工作"，报道、广播、电视技术内容的刊物则入"TN93　广播"、"TN94　电视、传真、录像"等有关各类。

兼论图书馆工作与情报工作的刊物入"G25　图书馆学、图书馆工作"，有关文献图书的研究、宣传与评论的刊物入"G256　图书学、文献学"；文献复制方法与设备入"G357　文献复制方法与设备"。

有关科学学、未来学、科学研究预测以及科学研究的综合性刊物入"G30　科学研究理论"；科技管理的刊物，例如，《科技管理咨询》归入"G31　科研工作"。

教育类中,各省、市、自治区教育厅(局)编辑出版的刊物,例如《广东教育》归入"G6　各级教育";成人教育刊物入"G72　业余教育";中小学各科(例如语文、物理等)教学法刊物分别入G62或G63,但其中数学教学刊物归入"O12　初等数学"类;电大、函授各科教学法也入有关各类,例如,《电大法学》入D9－4,《电大经济》入F0－4,《陕西中医函授》入R2－4。

体育类包括各种体育运动和文体活动。扑克、游戏、钓鱼等入"G89　文体活动",集邮入"G894　集邮",气功则入"R24　中医临床学"。

8.H　语言、文字类。

研究语言、文字方面的刊物入此类。其中关于盲文的研究入"H026　特种文字",用盲文出版的刊物入"Z73　盲文刊物",而关于盲人教育的则入"G76　特殊教育"。

有关汉字简化、文字改革、汉语拼音等方面的刊物入"H12文字"类。

研究中国少数民族语言的刊物入"H2　中国少数民族语言"类,用少数民族语言出版的刊物则入"Z71　少数民族语文刊物"类。

9.I　文学类。

本大类包括文学理论和文学作品的刊物。总论文学艺术的刊物入此类。

I21/29为中国各体文学作品的类目,包括文学作品及其评论研究。

兼收戏剧文学剧本与有关戏剧艺术演出内容的综合性刊物入"J8　戏剧艺术"。

电影故事刊物入"I235　电影剧本、电视剧本",电影、电视评论、简介和画报则入"J92　电影评论"。

10. J　艺术类。

本大类包括世界及各国各种艺术的理论与作品的刊物,按造型艺术(绘画、书法、雕塑、摄影艺术、工艺美术等)、表演艺术(音乐、舞蹈、舞剧艺术)和综合艺术(戏剧艺术、电影、电视艺术)编列。

论述摄影艺术并兼收摄影艺术作品的刊物入"J4　摄影艺术",专为报道祖国美好山河和建设成就,供一般阅读的综合性知识画报入"Z6　综合性画报"类。

电影、电视艺术入 J9 相应类目,电影、电视工业技术入"TB8摄影技术"类。

11. K　历史、地理类。

本大类包括史学理论,世界及各国历史研究、传记、考古、风俗习惯、地理、游记等方面的刊物。

N—X 类包括自然科学和应用科学的学科类目,基本上按科学分类体系排列。科学技术刊物的刊名与内容学科属性比较具体、明了,因此,熟悉分类表的结构以及学科分类体系是分类准确的关键。

12. N　自然科学总论类。

本大类包括综合报道科学技术方面的内容的刊物,以及自然资源调查、考察、博物学、系统学等学科的刊物。这类刊物包括大学学报及国内外许多著名刊物,例如英国的《自然界》(Nature),美国的《科学》(Science)等。

论述自然科学和工农业技术的综合性刊物入"N0　自然科学理论",例如,《中国科学》、《科技导报》等;各国科技水平、动态等入"N1　自然科学现状、概况",并依世界地区表复分,例如:《日本科学与技术》入 N1313。

有关专利研究和报道的刊物入"N18　专利",专利的文摘索引入"Z89　文摘、索引"类进行组配复分。

自然资源的开发与保护入"N8　自然资源调查、考察"类。

13．O　数理科学和化学类。

本大类只收入数理科学和化学的理论刊物。如《数学学报》、《拓扑学》、《低温物理学杂志》等。报道数理科学和化学的理论用于各专门学科的刊物,则归入有关的应用门类,例如:《超低温技术》入"TB6　制冷技术"。

14．P　天文学、地球科学类。

本大类包括天文学、测绘学、地球物理学、气象学、地质学、海洋学、自然地理学等学科。

天文台刊物入"P1　天文学";

地图学刊物入"P2　测绘学";

冰川、冻土刊物入"P343　冰川学";

高层大气与空间物理学、电离层物理等刊物入"P3　地球物理学";

气候学、天气学刊物入"P4　气象学";

总论矿物的地质勘探入"P61　矿床学",各类矿物的地质勘探入"TD8　矿物开采"中有关各类;

海洋学包括海洋基础科学、海洋资源开发和海洋工程方面的刊物,但有关渔业水产入"S9　水产、渔业",海洋仿生学入"Q692　仿生学",港湾工程入"O165　港口工程";

地貌学、自然地带等入"P9　自然地理学",总论地理学的刊物入"K9　地理、游记",专论江、河、湖泊及其治理的刊物入"TV8　治河工程"。

15．Q　生物科学类。

生物科学类包括普通生物学、细胞学、遗传学、生理学、生物化学、生物物理学、分子生物学、古生物学、微生物学、植物学、动物学、昆虫学、人类学等学科。

有关细胞遗传学刊物入"Q3　遗传学",遗传工程则入"Q7

分子生物学";

《化石研究》入"Q91　古生物学";

优生学刊物入"Q98　人类学"。

16. R　医药、卫生类。

医药、卫生类刊物种类多,出版数量大,仅《外国报刊目录》收入的就有 2500 种。我国 1985 年出版的医药类刊物已超过 600 种。期刊分类表中医药、卫生类共有类目 78 个,交替类 5 类。各类期刊的分布很不平衡,"R　医药、卫生"类期刊最多,包括各省市、各级医药学会出版的综合性、教育性或情报刊物。

本大类包括预防医学、卫生保健、中国医学、基础医学、临床医学、特种医学、药学等学科。

青年、中年与老年卫生、老年医学方面的刊物入"R16　个人卫生",总论老年学刊物则入"C913　社会生活";

医院管理入"R19　保健组织与事业";

中草药刊物入"R29　中草药",中西成药入"R97　药品";

五官科临床医学入"B76　耳鼻咽喉科学";

妇产科学包括妇产科手术。

17. S　农业科学类。

农业刊物也存在出版量大、某一类期刊过于集中的问题,还存在双主题问题。

本大类包括农业基础科学、农业工程、农艺学、植物保护、农作物、园艺、林业、畜牧、兽医、狩猎、水产、渔业等内容,共 96 类,另有 2 类交替类目。

农林副业入"S39　农产副业";

茶的栽培入"S571　饮料作物",茶的加工制造及总论种茶、制茶、品茶的刊物入"TS27　饮料、冷食制造工业";

花、盆栽入"S68　观赏园艺";

木材学、森林副产品的综合利用等刊物入"S78　森林采运与利用",木材加工工业入"TS6　木材加工工业"类,木材、竹材的化学加工工业则入"TQ35　纤维素质的化学加工工业"。

18. T　工业技术类。

本大类类目庞大,占全表类目1/3。工业技术刊物的分类,首先应熟悉大类的分类体系,了解本大类与其他类目的关系,以及本类刊物的出版特点等。

本大类采用双字母作为二级类目的标记符号,使二级类能容纳更多的同位类。类目的内容和排列与《中图法》基本相同,即按原材料的生产制造、机械加工、电力与通讯、计算机技术、化学工业、轻工业的顺序排列。但每一类目包含的内容较多,因此,各类目充分利用类目注释对类目范围进行说明,归类时应注意类目注释的说明。例如:

TB3　工程材料学

　　材料腐蚀与防护的刊物入此……。

TB4　工业通用技术和设备

　　爆破技术、密封技术、薄膜技术、粉末技术、干燥技术等刊物入此。

TG115　金属检测

　　无损检测技术的刊物入此。

TH13　机械零件

　　齿轮、轴承、阀门、紧固件、弹簧等各种零件技术的刊物入此。

TH4　气体压缩机械、气动工具

　　压力容器、风扇、通风机等刊物入此。

TM925　其他电器(包括日用电器)

　　电风扇、冷风机、取暖电炉、电冰箱、电洗衣机、电熨斗、电推子、电吸尘器、电炊具等刊物入此。

TQ54　煤气工业

　　气化理论、煤气罐及煤气厂等刊物入此。

TS972　饮食调制技术

　　烹饪法、饮食设备与管理、饮食工具与机械、饮食用具、食物保存与设备、厨房、食堂管理等刊物入此。

19. U　交通运输类。

交通运输大类中，类目注释较少，一些概括性内容的刊物归类时可能遇到困难，需要作适当的规定。例如总论机车车辆的刊物，可入"U26　机车工程"类。

桥梁、隧道是铁路线路和道路的重要构筑物，但又属于土木工程，是国外一些土木工程刊物中重要的报道内容。分类时，总论土木工程的刊物入"TU　建筑科学"类，内容主要为桥梁工程或隧道工程则分别归入"U44　桥梁工程"或"U45　隧道工程"。

20. V　航空、航天类。

本大类同样存在类目注释少的问题，目前国内外出版的刊物有的分类时需按学科属性进行归纳。例如美国出版的《直升飞机》(Vert iftite)入"V27　各类型飞机及飞行器"。总论航空与航天的刊物则入"V"大类，必要时作形式复分。

21. X　环境科学类。

本大类集中环境科学的各学科内容，其他相关学科只设置交替类目。

22. Z　综合性刊物类。

本大类的特点是学科内容的综合性、出版形式的多样性，包括学报、普及刊物、画报、少数民族语文刊物、盲文刊物、检索刊物等。

综合性学报入本大类，专门学科的学报，既可集中于本大类，进行组配复分，又可分散到各专门学科，进行形式复分。

关于检索刊物的归类，分类表中设置了专门类目，但是不少图书情报部门将检索刊物放在检索工具室，与一般刊物分开处理。

上述有关刊物的集中或分散处理，各图书馆可根据本馆具体情况作出规定，以保证分类的一致性。

第五章 期刊的著录

第一节 期刊著录的意义

所谓期刊著录,就是在编制期刊目录时对期刊内容和形式特征进行分析、选择和记录的过程。著录的结果称为款目。款目是反映文献内容和形式特征的著录项目的组合。期刊卡片目录中,著录每种期刊的卡片就是一个款目。将一批款目按照一定的次序(分类体系或字顺)编排,则构成期刊目录,期刊目录是一种期刊报道和检索的工具。

著录工作是编目工作的第一步,是目录组织的前提,它为组织目录提供材料。根据著录的内容,才能按不同的体系编排出各种类型的目录。著录准确是期刊目录质量的保证。期刊目录是读者与图书馆工作人员用来了解馆藏情况的重要工具。期刊著录是对期刊全貌的揭示。由于期刊在长期连续出版过程中会发生各种变化,因此期刊的著录往往不能一次完成。它除了对期刊到馆时的实体形态,即内容与形式进行客观描述外,还必须根据期刊的变化进行各种著录,即描述它的过去,补充它以后出现的变化,在这个意义上说,期刊著录具有动态性。这些变化的著录正是读者和工作人员全面了解期刊的必要资料,它有助于期刊的管理和利用。

长期以来,我国期刊著录一直没有统一的格式和著录规则,各图书情报部门自行拟定著录规则,甚至是无章可循,无法可依,不但影响期刊目录的编制质量,而且每当编制期刊联合目录时,因著录不同而造成很大困难。

1985年2月12日,国家标准局发布《中华人民共和国国家标准连续出版物著录规则》,标准号为GB3792.3-85。该标准根据GB3792.1-83《文献著录总则》,并参照《国际标准书目著录(连续出版物)》〔ISBD(S)〕的原则而制订。

《连续出版物著录规则》的特点有:①向国际连续出版物著录标准靠拢,以便于国际间书目工作的交流。该规则第10大项的内容与国际标准的单元细则大项基本相同。②该规则适用于中外文期刊的著录,可使中外文期刊著录格式一致。③该规则有利于计算机检索与手工检索的期刊著录格式一致。④在《文献著录总则》的原则指导下,根据期刊特点制订,使该规则基本符合期刊著录要求。

标准中规定了包括期刊在内的连续出版物的著录项目、项目顺序、项目标识符号,用以组成统一的著录格式,并用于编制期刊目录。该标准从1985年10月1日开始实施。

国家标准的制订,其目的在于建立和健全我国统一的期刊报道、检索体系,开展国际目录情报交流,更好地开发和利用期刊。这是我国期刊管理工作中的一件大事,对于期刊工作者来说,应该重视我国第一个期刊著录标准的公布,并切实贯彻执行。

下面专门对《GB3792.3-85连续出版物著录规则》中关于期刊著录的基本原则及有关问题作简单介绍,并在此基础上,介绍期刊著录的方法。

目前,上海图书馆编制出版的中外文期刊著录卡片的格式与国家标准基本相同,著录卡片的出版将促进期刊著录的一致性。

第二节 期刊著录规则简介

一、期刊著录规则的内容

1. 引言：介绍规则制订的依据、内容和适用范围。

2. 名词、术语：对规则中使用的名词、术语下定义。

3. 著录项目：列出期刊著录的 8 个项目。

4. 著录项目与标识符：列出著录项目或各单元前的标识符。

5. 著录格式：对著录格式作出规定。

6. 著录详简级次：列出著录的主要项目、选择项目和级次。

7. 著录用文字：对著录用文字作出规定。

8. 文献类型标识：提出按 GB3469－83《文献类型与文献载体代码》的规定进行著录。

9. 信息源：列出著录时各项目的著录依据。

10. 著录项目细则：是本规则的重点，它对各项的著录作出了一系列规定。

二、期刊著录的一般方法

期刊著录的内容，也即期刊的著录项目，规则中列出：题名与责任者项；版本项；卷、期、年、月或其他标识项；出版、发行项；载体形态项；附注项；国际标准连续出版物号与获得方式项等。除国家标准中规定的项目外，一般图书馆还加注排检项及图书馆自行规定的各种编目业务注记项目等。

著录项目可区分为主要项目和选择项目。各图书馆可根据本馆规模和要求，决定采用著录项目的类型。著录的详简可形成不同的级次：著录全部项目内容为详细级次；著录主要项目和部分选择项目为基本级次;只著录主要项目则是简要级次。

一般来说,详细级次的著录方式最便于读者了解和利用期刊,但对期刊著录工作要求较高,著录人员必须具备一定的期刊知识,工作量较大,因此较适于大中型图书馆采用。简要级次的著录方式著录项目较简单,适于小型图书馆采用。

期刊著录的格式见下图:

> 正题名＝并列题名:副题名/第一责任者;其他责任者.—版本/与本版有关的责任者.—卷、期、年、月或其他标识.—出版地:出版者,出版年(印刷地:印刷者,印刷年)
> 文献总数:插图;尺寸＋附件.—(正丛刊名,国际标准连续出版物号;丛刊编号)
> 附注
> ISSN＝识别题名:价格(年份)
> 馆藏项

著录时,应注意标识符与文字的规范化。例如项目间隔符为".—",期刊的起讫卷、期、年、月之间用"～"等。而卷、期数、年、月、日期、尺寸或开本、价格等数字,一律用阿拉伯数字。以上均应依照标准执行。

期刊著录的依据又称著录的信息源。最重要的信息源是题名页或封面页和版权页。

封面页记载的内容,不管中文期刊或外文期刊必有刊名、年、期号,中外文期刊还详略不同地在封面页记载编辑者、主编、出版者、出版年、月、发行者、主办者、国际标准刊号,以至文摘号(文摘类刊物特有)、目次或要目、版权页等;外文期刊一般还记载期刊的刊名变化等内容。

版权页是著录的重要依据。中文期刊版权页记载内容一般包括刊名、编辑者、出版者、印刷者、发行者及发行范围、期刊刊号、出版日期、卷、期号、定价等,有的包括创刊年等。中文期刊版权页一般在封底右页下方,但近来也有一些中文期刊的版权页在书名页左方。外文期刊版权页有的在期刊最后一页(日文期刊较普遍),有的在书名页下方或左方,但很少在封底。

除封面页和版权页外,著录的其他信息源尚有如下各部分:

正文前的其他书页与出版、印刷说明。其中比较重要的是书名页、目次页,中文期刊一般没有书名页,但也有的开始有书名页,并将版权项放在书名页中。目次项一般在书名页后,或者目次作为书名页一部分,也有的期刊(俄文期刊较多)目次页在期刊的最后一页或封三、封底。

出版物的其他部位(前言、序、编辑说明等)。期刊的书脊也是著录的依据。不少外文期刊在书脊上记载刊名及卷、期号、出版年、月等。过期期刊合订本一般均在书脊印有刊名,年、卷,始止期数等,有的单位还印上登录号、索取号,以便于提取和上架。

出版物本身以外的信息包括各种期刊简介和期刊目录等检索工具。例如:《外国报刊目录》、《乌利希国际期刊目录》、《中国出版发行机构和报刊名录》等。利用这些工具书主要是了解期刊的沿革,即期刊创刊时间、刊期和刊名的变化、期刊的分合休停的情况等。

期刊著录工作中,期刊的变化情况是最难掌握的,往往需要参考有关工具书,或查找期刊的创刊号或有关期号,这是期刊著录与图书著录的不同之处。

第三节　各项目著录规则与方法

一、题名与责任者项

期刊著录中,题名与责任者项是很重要的一个大项,是识别期刊的主要依据。

题名即期刊名称。每种期刊都有一个主要刊名,称为正题名,即正刊名。一些期刊除了正刊名,还有正刊名的对照语种的刊名,称为并列刊名,著录中称为并列题名。副题名即对正题名的解释、补充和表示特征的说明。有些期刊按分辑出版,除有共同题名外,各分辑各自有分辑题名。这类型期刊的正题名由共同题名和分辑题名两部分组成。

期刊题名的著录依据主要是封面页和版权页。如前所述,期刊的封面必有刊名,而且读者一般以封面页刊名为准识别期刊,其他部分(包括版权页)都有可能没有刊名。因此,期刊的正题名一般以封面刊名为主要依据。其他部分的刊名若与封面刊名不同,可以作为别名在附注项中予以注明。

例一:

封面页刊名:北京第二医学院医学教育研究

版权页刊名:医学教育研究

正题名著录:北京第二医学院医学教育研究

例二:

封面页刊名:建材技术　玻璃纤维

版权页刊名:玻璃纤维

正题名著录:建材技术·玻璃纤维

题名与责任者项标识及实例:

正题名:副题名　Applied Mathematics & Optimization：an International Journal

应用数学与优选法：国际杂志

正题名 = 并列题名　pumps = Pompes = Pumpen

泵(英、法、德三种文字题名)

正题名:副题名 = 并列题名:并列副题名

中国民航：中国民航航机杂志 = CAAC：CAAC Inf light Magazine

正题名/编辑者 = 并列题名/并列编辑者

纺织学报/中国纺织工程学会 = Journal of Textile Research/Textile Engineering Society of the People's Republic of China

正题名:副题名/编辑者 = 并列题名:并列副题名/并列编辑者

Pumps & Their Application：the International Technical Review/European Committee of Pump Manufactures = Pompes et Leurs Applications：la Revue Techniqu Internatinale/Comite European des Constructeurs de Pompes

泵及其应用:国际技术评论/欧洲泵制造业委员会

正题名:副题名 = 并列副题名

正题名/编辑者 = 并列编辑者

正题名 = 并列题名:副题名

放送技术 = Broadcast Engineering：送·受信技术专门志

广播技术:播放·接收技术专门志

共同题名·分辑题名或分辑标识

甘蔗糖业·甘蔗分刊

主刊题名·副刊题名

共同题名·分辑标识,分辑题名

中国科学·A 辑,数学物理学　天文学　技术科学

共同题名·分辑题名=并列共同题名·并列分辑题名

期刊的正题名有的能显示学科属性,有的以责任者或出版者作题名,有的则仅有通用题名(如通报、院刊等),著录时应完全照题名页或代题名页上的原样如实著录,但标点符号不一定照录。例如:

国外建筑文摘·给水排水

兰齿技术/兰州汽车齿轮厂

译文集/西安地质学院情报资料室

多文种题名的著录。不少期刊封面页有几个文种的题名,可根据以下原则确定正题名:

①若题名页上有几个文种的题名,则以最主要的题名作为正题名。目前不少中文科技期刊封面上除有中文刊名外,还有英文刊名,但正文是中文,著录时,应以本原则为依据,即以汉字刊名为正题名。例如:

封面页刊名:四川图书馆学报

JOURNAL OF THE SICHUAN SOCIETY FOR LIBRARY SCI-ENCE

题名著录:四川图书馆学报=Journal of the Sichuan Society for Library Science

封面页刊名:内镜

Endoscopy

题名著录:内镜=Endoscopy

②若正文有几个文种,在题名页上又分不出主次,则以第一个题名作为正题名。例如:

封面页刊名:图书馆学与资讯科学

JOURNAL OF LIBRARY AND INFORMATION SCIENCE

正文:同时用中文与英文发表论文

题名著录:图书馆学与资讯科学=Journal of Library and Infor-
mation Science

③若正文中以某一文种为主,则以该文种的题名作为正题名。例如:

中华医学杂志 = National Medical Journal of China(该刊正文为中文)

Chinese Medical Journal = 中华医学杂志

(该刊正文为英文)

④若正文中有中文,而且占重要地位,则以中文题名作为正题名。例如我国出版的很多学术性刊物,封面有中文和英文名,刊用中文发表论文(个别以英文发表),正文前有英文内容介绍,每篇论文有英文内容提要,这类期刊的正题名仍应是中文题名,英文题名作并列题名。

分辑出版的期刊著录问题。根据著录规则规定,按分辑出版的期刊,著录时应先著录共同题名,然后著录分辑的编号或其他标识,以及分辑题名。著录时注意标识的正确运用。例如:

Proceedings of the ASCE · Journal of the Engineering Mecha-nics Division

ASCE 会议录　工程力学组会志

中国科学·B,化学　生物学　农学　医学　地学

但是,用特定名称单独出版的分辑或副刊,如果分辑刊名比共同刊名或主刊题名更重要,应以分辑刊名或副刊名作正题名,共同题名则作为丛刊名著录。例如《美国机械工程师学会会刊》(Transactions of the ASME)各分辑的著录:

题名:Journal of Lubrication Technology

　　　润滑工艺杂志

丛刊项著录:(Transactions of the ASME,Series F)

国内外出版的期刊都存在刊名相同的现象,一般可根据责任者加以识别,若责任者也相同,可根据版本项识别。例如,国际铁路联盟(UIC)出版的英文版和法文版《国际铁路》的著录:

Rail International/UIC. —Eng · Ed.

Rail International /UIC. —French Ed.

刊名的改变,必然在著录时反映出来。对刊名变化的著录可采取以下三种处理方式:

第一种方式只著录最早的刊名,新刊名按年代先后顺序注于最早的刊名之后,另将新刊名作"见片"。英国的《英国期刊联合目录》(BUCOP—British Union Catalogue of Periodicals)是采用这种方式的代表,因此国外有人称为"英国方式"。

第二种方式只著录新改的刊名,旧刊名作"参见片"。美国的《期刊联合目录》(ULS—Union List of Serials)是采用这种方式的代表,因此国外有人称为"美国方式"。

第三种方式是旧刊与改名新刊按两种期刊处理,各自著录,并在附注项中互作"参见"。其代表是《世界科学期刊目录》(WLSP—World List of Scientific Periodiccal),国外有人称为"国际图书馆协会联合会(IFLA)方式"。

第一、二种著录方式属于集中著录。我国解放后编制的联合目录中,多采用第二种著录方式,例如《全国中文期刊联合目录(1833～1919)》、《全国西文期刊联合目录》、《中国科学院图书馆编印全院所藏西文期刊总目》、《47所高等学校图书馆所藏期刊联合目录》等。近年出版的《上海图书馆西文科技期刊目录》也采用这种著录方式。

集中著录的优点是可以集中反映一种期刊的前后变化情况及本馆收藏情况,使读者对该刊的了解有一个连续性,目录的篇幅也可缩小一些。但存在不少缺点:

①从读者使用的角度来看,目录的编制主要是为了向读者揭示馆藏,使期刊能广为利用。而读者查找目录,也是为了知道他们所需期刊的收藏情况,即某刊的某一年某一期馆藏有没有?除了期刊工作者外,一般读者很少通过刊名目录了解期刊刊名的变化,

或者馆藏中某一期刊是否收集齐全。集中著录要求读者查找旧刊名（或新刊名）时，必须在新刊名（或旧刊名）的款目中查找，这必然给读者查目带来不便，费时费事。

②从管理工作角度来看，按刊名字顺排架的期刊库，将由于期刊改名带来经常性大量倒架，有些期刊几经分合，使排架时更难处理这些期刊的关系。不但如此，由于刊名变化，将会使排架时新旧刊名不同，造成排架的刊名字顺发生紊乱现象，给保管流通工作人员带来很大的困难。

③如果按刊名字顺排架，则集中著录的方式排架不但要求期刊管理人员有较高的文化水平，而且必须及时熟悉和掌握多种文字的刊名改名、合刊、分刊等变化情况，否则不能做到取刊迅速，上架准确。如果开架借阅，读者也会由于不熟悉刊名变化情况，很难在架上找到所需期刊，也给读者带来麻烦。

鉴于上述理由，国内不少人主张改名前后的期刊按两种期刊处理，期刊目录按新、旧刊名分别著录。旧刊作停刊处理，并注明何时改新刊名；新刊款目中也在附注项注明原刊名。这样，新、旧期刊之间自然形成有机的联系，既便于期刊的管理，也便于读者查找。

我国国家标准对于改刊名问题的著录，就是采用上述著录方式的。正题名均为期刊现刊名，期刊刊名的继承和改名都在附注项中注明。即：

①一种期刊继承另一种期刊出版时，无论其卷期编号是否连续，均应注明前刊的题名及其 ISSN。例如：

现题名：流体工程

附注项著录：本刊继承：化工与通用机械　ISSN　0000—0000

现题名：Railway Gazette International　国际铁路杂志

附注项著录：Continues：Railway Gazette 继承：铁路杂志
　　ISSN　0033—8907

②一种期刊改名为另一种期刊,无论其卷期编号是否连续,均应注明后继题名及其 ISSN。例如:

现题名:时代的报告

附注项著录:本刊改名:报告文学　ISSN　0000—0000

现题名:National Defense Transportation Journal 国防运输杂志

附注项著录:Coutinued by：Defense Transportation Journal ISSN 0011—7625

由防务运输杂志改名

期刊因合并、改出、分出和吸收等出现的刊名变化,也应在附注项注明(著录方式详见附注项说明)。

题名中如果有责任者或出版者的机关团体名称,应照录,即从刊名开始著录,但不以机关团体名称作为著录标目。例如:

长江水利水电科学研究院院报

日本物理学会志

Bulletin of the American Physical Society 美国物理学会通报

我国不少图书馆在外文期刊著录时,习惯先著录刊名中的机关团体名称,再著录其他部分。这种著录实际上是以机关团体名称作著录标目,这样著录虽然能集中同一机关团体的出版物,但存在以下缺点:①不符合读者查找期刊的习惯(读者一般按刊名顺序查找);②不符合出版、发行情况(大量的学会或研究机构的出版物以一般刊名出现者居多,不一定全以机关团体名称作刊名);③不便于期刊管理人员登记、上架和提取,容易造成对刊名识别的不一致。因此,按国家标准统一很有必要。

期刊的责任者即编者,他们对期刊的内容负有责任,期刊的编者一般指编辑机关、团体、企业等,即团体责任者,商业性出版社不可作为责任者著录。例如:

生态学报/中国生态学会

红外与激光技术/航天工业部第九情报网

Magazine of Bank Administration/Bank

Administrantion Institute　银行管理杂志/银行管理学会

如果题名中已含有责任者名称,不必重复著录,只需顺序著录后面的项目。但如果题名中所含责任者名称是简称,而期刊中有其全称者,应在责任者部分著录全称。例如:

中山大学研究生学刊. —自然科学版

本钢矿山科技/本溪钢铁公司矿山处

ABA Banking Journal/American Banker

Association ABA　金融杂志/美国银行家协会

如果同时有两个责任者,著录时应同时著录,中间加",",相隔;如果有三个以上责任者,只著录第一个责任者,其后加"等"。例如:

农业工程情报/全国农业工程科技情报总网,中国农业工程学会秘书处

石油化工设计/石油化工设计情报中心站等

若编辑者不十分肯定时,应加方括号,例如:中华医学杂志/〔中华医学会总会〕

二、版本项

本项目包括版本说明和本版责任者。可根据版权页、封面页以及正文著录。

版本说明主要著录版本的类型,包括:

地区版本,例如:. —北京版

　　　　　　　　. —East ed.(东方版)

特殊内容的版本,例如:. —自然科学版

　　　　　　　　　. —New ed.(新闻版)

　　　　　　　　　. —Synopses ed.(摘要版)

特殊版本或外形的版本,例如:

. —影印版

. —盲文版

. —大字印刷版

. —Miniprint ed.　　（缩微印刷版）

. —Airmail ed.　　（航空版）

. —Braille ed.　　（盲文版）

. —Large Print ed.　　（大字印刷版）

. —Library ed.　　（图书馆版）

. —Microform ed.　　（缩微版）

文种版本,例如:. —朝文版

　　　　　　　　　. —English ed.　　（英文版）

时间版本,例如:. —上午版

　　　　　　　. —星期日版

但是,表示卷号或所包括的年份、年月范围的说明(例如:15ed.,1985 年版)不作为版本说明,应著录在卷、期、年、月或其他标识项。

表示有规律的修订文字(例如每六个月发行修订版)也不作为版本说明,应著录在附注项。

期刊使用多种文字,可按正题名与并列题名的顺序在版本项著录相应文种版本,例如:

. —English ed. ＝日文　　（英文版＝日文版）

. —Ed. francaise ＝English ed.　　（法文版＝英文版）

如果各版本有本版责任者,应在版本说明之后著录,并用"/"相隔。

三、卷、期、年、月或其他标识项

卷、期、年、月是识别期刊的重要依据之一,可借以了解期刊的出版情况。

本项著录内容包括期刊创刊正式出版和最后一册的卷、期及其年、月。如此项内容不清楚,可省略,在附注项著录有关说明。本项著录依据主要是版权页和封面页,同时可参考书名页、编辑说明。各种期刊简介也是重要参考工具。

本项内容注意不能与馆藏卷、期号相混淆。

著录时,数字一律采用阿拉伯数字,卷(集)以"V."标识,期(册)以"no."标识。期刊上的年份如非公历年份,可按原样著录,在其后加注公历年份,并加"( )"。例如:

昭和 43 年(1968)

外文期刊中相当一部分一卷(册)跨年度或跨月出版,著录时,两个年份或月份之间用"/"相隔。例如:

1953/54

10 月/12 月

期刊的卷、期等第二标识系统一般指总期号,第二标识系统或其他标识项著录在第一标识系统之后,用" = "表示。例如:

.—no.1(1983)~ = 总 1~

期刊卷、期、年、月的起讫用"~"表示,如外文打字机上无"~"键,则用短横"—"表示。"~"后空白,无卷、期、年、月,则表示该刊继续出版。

本项著录全部内容与格式、标识符如下:

.—V.,no.(年,月)~V.,no.(年,月)= 总~总

例如:.—no.10(1981,10)~ = 总 1~.—V.1,no.1(1983,1)~ = 总 3~

我国很多期刊没有卷号,而是以年份代替卷号,著录时,可将年份著录在期号之前。例如:1979,no.1(1979,3)~

一些期刊改名后,卷、期号继续前刊的卷、期号。著录时,以新题名的第一册卷、期、年、月著录。例如:

.—V11,no.3(1984,4)~ = 总 55~

一些期刊刊名不变,但卷、期号改变。著录时,新的卷、期号作为后继标识系统,在第一标识系统之后加";"继续著录。例如:

. —no. 1 (1954,7) ~ no. 8 (1964,2) ; no. 1 (1978,10) ~

四、出版与发行项

本项可帮助查目者了解期刊的出版发行情况,出版的来源,期刊的出处。本项内容包括出版地、出版者、出版日期,或发行地、发行者、印刷地、印刷者、印刷日期等。本项著录依据主要是期刊的封面页和版权页,外文期刊如果没有出版或发行的记载,可参考刊物本身的版权登记、印刷等方面材料加以著录。

本项著录格式及标识符如下:

. —出版地:出版者,出版日期(印刷地:印刷者,印刷日期)

. —出版地:出版者;第二出版者,出版日期

. —出版地:出版者;第二或后继出版地:第二或后继出版者,出版日期

. —发行地:发行者(发行者职能说明),出版日期

期刊一般同时刊载有出版、发行或印刷的事项,著录时以出版事项为主,即是说,期刊如刊载出版事项,则发行、印刷事项不必著录。如果期刊中没有出版来源,可依所刊载的发行事项著录,或者根据本单位需要,著录发行地和发行者。如果出版发行的资料不全,可著录印制项目,有的单位也可根据需要,在出版日期之后著录印刷事项,并加"( )"表示。

如果出版地或发行地不是首都或著名大城市,必须在地名之后加省、市、自治区或国家名称,并加"( )"。国别代码可采用《中华人民共和国国家标准 国家和地区名称代码》中的两字符代码。如果这些名称不是取自主要信息源,则加"( )"。例如:

. —廊坊(河北)

. —金华(浙江)

. —千县（日本）

. —Toronto（On t.）（多伦多,安大略省）

在主要信息源中,有两个以上出版地或发行地时,著录第一个地点,其余地点可以根据需要选择一个作为第二出版地著录。

出版地或发行地无法确定时,可将推测的地名著录于"（ ）"内,并加"？"表示。例如： . —（太原?）

无法推测的出版地点,可著录省、市、自治区或国家名称,或估计可能的上述名称。例如：

. —（江苏）

. —（US?）

如果找不到出版地名,则著录：

. —（出版地不详）

. —（S. L. ）

出版者和发行者名称在保证易解、明确、不含混而且符合国际惯例的情况下,可以简化或用缩写形式著录。如果在题名与责任者项、版本项中已著录出版者或发行者全称,本项著录时可以简化。

例如：

该学会,

该编辑部,

The Association 该协会

The Society 该学会

如果团体或个人兼有出版者与印刷者职能,或不能确定是出版者还是印刷者,可以作为出版者著录。

如果无法确定出版者或发行者,可著录：

（出版者不详）,

（S. N. ）

著录发行者名称后,必须加注发行者职能说明"（发行者）",

例如：

.—上海：邮局（发行者），

期刊的出版日期与卷、期、年、月或其他标识项的日期可能相同，也可能不同，一般情况下相同，但影印本或重印本可能不同。二者的著录方法基本相同。如果发现主要信息源中出版年份有错误，著录时照录，于其后加"〔〕"，注明正确年份。

影印本或其他复制本的出版项著录，应著录复制本的出版地、出版者和出版日期。原件的出版地、出版者在附注项中著录。

五、载体形态项

本项过去称为稽核项，是对期刊本身及其附件的外形、实体和某些特点的描述。其著录内容包括插图、期刊尺寸，以及随期刊出版的各种附图、附表、附缩微平片及胶片等。有的外文或中文期刊每期有固定的页数，也在本项著录。本项著录的依据是期刊本身。

本项的著录格式和标识符如下：

.—V.；插图；　cm + 附件

.—no.；插图；　cm + 附件

如本项另起段落，则省略".—"。

本项著录内容包括一些特殊载体，例如：

潜在经济学科

V.；26cm.—（复印报刊资料）

具体资料标识与期刊总数（即卷、期、册或其他标识等）在期刊停刊或重印时著录。一般插图可选择著录，并用"插图"表示。期刊尺寸指期刊高度，一律用 cm 计算和标识，不足 1cm 者，以 1cm 计算。

每期都有的附件著录在本项，否则著录在附注项。

六、丛刊项

本项只有在期刊各期以同一丛刊或分丛刊出版时才著录,在其他情况下,丛刊或分丛刊说明在附注项著录。著录依据在封面页或其他任何部分。

丛刊项著录内容与主要格式及标识符如下:

. —(丛刊正刊名,丛刊 ISSN)

. —(丛刊正刊名,丛刊 ISSN;丛刊内部编号)

. —(丛刊名·分丛刊名,分丛刊 ISSN;分丛刊内部编号)

丛刊名著录方法与题名著录相类似。丛刊内部编号指期刊各期使用的同一编号。

七、附注项

本项是对上述各项进行的必要的解释、补充和说明。其中包括出版频率,题名与责任者注,期刊沿革注,版本注,卷、期注,出版注,载体形态注,丛刊注,索引注,著录依据注等。每个附注均为单独一项,并依上列次序著录。

著录时,每个附注之前均用". —",如另起段落时,". —"可省略。

1. 出版频率的著录方法。

出版频率即期刊出版周期。不少期刊的刊名中已包括刊期,例如中文期刊《学术月刊》,美国的《激光周刊》(The Laser Week-ly)等,著录时此项从略。如果出版周期发生变化,则应在此项说明,例如:

月刊(1981～85);周刊(1986～　),表示 1981—1985 年该刊为月刊,1986 年改为周刊。

Quarterly(1952～67);Bimonthly(1968～　),表示 1952—1967 年该刊为季刊,1968 年改为双月刊。

2.题名与责任者附注的著录方法。

(1)题名与责任者的附注主要有以下各方面:

①翻译期刊附注。

正题名:科学

附注项:Scientific American 的中译本

正题名:Automatic Welding 自动焊接

附注项:Translation of :Автоматическая сварка

　　　　译自:俄文期刊《自动焊接》

②与正题名不同的封面题名、书脊题名、逐页题名等。

正题名:国外包装装潢

附注项:书名页题名:国外包装装潢译文集

③如果并列题名、副题名以及期刊的性质、范围或语种在出版过程中有变化,也应在附注项注明。例如:副题名有变化。

④责任者在出版过程中的变化,也在此项说明。

(2)期刊出版过程中,改名、合并、分开等情况经常出现,这是期刊著录经常遇到的问题。期刊的继承、改名著录方法已在题名与责任者项著录时说明。期刊的合并、改出、分出等情况亦在附注项著录。

①合并:应著录合并前的各自题名及其 ISSN。

例如:人民保健

　　　　本刊由:中华医学杂志与:医学史与保健组织合并而成

②改出:一种期刊与其他期刊合并,应著录合并的题名和新刊的题名及其 ISSN。

例如:中华医学杂志

　　　　本刊与医学史与保健组织合并,改出:人民保健

③分出:一种期刊分成两种或两种以上的期刊,应著录分出的新刊题名及其 ISSN。

例如:Dissertation Abstracts 学位论文文摘

136

. —Split into; Dissertation Abstracts · A, The Humanities and Social Science &: Dissertation Abstracts · B, Science and Engineering

分成:学位论文文摘·A,人文科学和社会科学与:学位论文文摘·B,科学和工程

一种期刊由另一种期刊分出,应著录分出前的题名及其ISSN。

例如:Annales de Chimie 化学纪事

Continues in Part:Annales de Chimie et de Physique. 继承:化学与物理学纪事一部分

浙江教育. —小学版

继承:浙江教育的一部分

④吸收、并入:一种期刊吸收、并入其他期刊时,应著录所吸收或并入的期刊题名及其 ISSN。

例如:中华医学杂志

1934~39 吸收:齐鲁医刊;1953 年又吸收:

中华新医学报

中华新医学报

本刊并入:中华医学杂志

3. 版本附注的著录方法。

期刊复制本的原版的出版地、出版者、出版频率等事项应在附注项著录。

如果期刊有辅助版,辅助版款目中应著录主要版本的题名。

此外,多种版本,期刊的附刊、特刊、副刊等,以及版本的变化,也应在附注项著录。如副刊单独著录,应注明主刊题名。

例如:零陵师专学报

原为综合版

Annales des Télécommunications

　　　　　Supplement：Bulletin Signalétique

　　　　dse Télécommunications

电讯纪事

　　　　　附刊:电讯信号技术通报

Pumps = Pompes = Pumpen　　泵

　　Text in English，German & French

　　　正文用英文、德文、法文

　　4.卷、期的附注主要著录卷、期号的变化,或出版编号无规则,不规则;或期刊休刊、复刊情况。我国中文期刊 1978 年以后复刊等情况相当普遍,应注意著录。此外,正式出版前的试刊情况也应著录在附注项。例如:

黑龙江畜牧兽医

　　.—1959,no.2;1981,no.3 起有总期标识.—1960,9~80,3 休刊

中华医学杂志

　　.—1966,8~72,10 休刊,1972,11~12 有试刊 2 期

周口师专学报

不定期.—总期与社会科学版交叉

5.出版附注著录方法。

期刊的出版变化,包括出版地和出版者的变化,均应作附注说明,例如:

文史哲

　　.—1958 年起出版地改为济南,由山东人民出版社出版

甘蔗糖业·甘蔗分刊

　　.—1977,no.4 起编辑出版者改名:全国甘蔗糖业科技情报站

中华医史杂志

　　.—1953,no.2 起由北京人民卫生出版社出版

6. 载体形态附注的著录方法。

在载体形态项未予反映的有关情况,均在本附注中说明。例如:

纺织学报

.—有英文目次,1980 年起有英文文摘

中华医学杂志

.—1985 年起版权页汉英对照

7. 丛刊附注的著录方法。

有关丛刊内部编号的情况,必要时应予说明,但这种情况在期刊中较少出现。

8. 索引附注的著录方法。

凡期刊有索引均应说明,对于检索刊物的著录尤应注意,著录方式是:

索引:每年 12 月单独出版

索引:有主题索引

9. 著录依据附注。

凡不是根据期刊的第一期著录的,应在附注项中加以说明。一般来说,期刊第一期刊载的有关期刊的事项最详细,而且最准确。其他卷、期可能对期刊中一些事项没有刊载,上述情况在中文期刊中出现较多。例如:

中华医学杂志

.—根据 1949 年著录

Soviet Journal of Quantum Electronics

.—Description based on Vol. 15 , no. 6

苏联量子电子学杂志

.—根据第 15 卷第 6 期著录

10. 其他附注内容。

除上述附注外,期刊的其他变化均应在附注项反映,例如:

American Chemical Society 美国化学学会

Abbreviated key—title；Am. Chem. Soc.

缩写识别题名：Am. Chem. Soc. Japatic

公开特许出愿抄录·第 1 部门,农水产关系

.—1980 年起改用国际专利分类法

八、国际标准连续出版物号(ISSN)与获得方式项

本项包括以下内容：ISSN 和识别题名；获得条件和价格。著录的依据是期刊本身或期刊以外的地方。著录格式：

ISSN = 识别题名

价格

或者：

.—ISSN = 识别题名:获得方式:价格(年份)

ISSN 是鉴别期刊的重要代码,一般情况下,一种期刊只能分配一个 ISSN。即所谓"一个 ISSN 一个刊名;一个刊名用一个 ISSN"的目的("one ISSN a title;one title for an ISSN")。[①] 为此,国际连续出版物数据(ISDS)要求 ISSN 与识别题名(key title,又称关键刊名,主刊名)连用,不得分开。识别题名由 ISDS 中心负责建立,按期刊上所载顺序与形式记录,应著录原文,如刊名为非罗马文字(如日文、汉字等),应进行音译。例如：

中文刊名：交通建设(台湾出版)

音译名：Chiao – T'ung Chien – She

俄文刊名：Физика и химия стекла

音译名：Fizika i Khimiya Stekla

中文期刊有关 ISSN 与识别题名的著录问题,由于我国刚参加 ISDS,待作出具体规定后再解决。台湾出版的中文期刊有的已在

---

① 见《Irregular Serials & Annuals》3th ed. 1974 R. R. Bowker.

ISDS国际中心登记编号,已有ISSN和识别题名,可暂按现有ISSN和识别题名著录。

外文期刊如在期刊上已标有ISSN和识别题名(key title)者,在本项著录中,没有记载时,原则上可借助工具书,例如《乌利希国际期刊目录》、《不定期连续出版物与年鉴》等,如查不到可略去。

获得方式一般只著录"非卖品"、"内部发行"、"只供会员"、"只供交换"、"免费"等说明。订购的不必著录。

价格以原货币单位著录,按全年计价,并在价格后加年份,用"( )"表示。外文期刊在国内订购一般用人民币支付,因此价格可同时注明人民币的价值。例如:

中文期刊价格:¥7.00(1985)

外文期刊价格:100(1985) = ¥300

期刊中的其他代码,例如中文期刊的邮局刊号,外文期刊的中国图书进出口总公司国外期刊编号等在本项最后应予著录。

馆藏项用以反映本馆的入藏情况,是读者查找的重要内容,因此著录必须准确,年、卷、期等均应著录清楚。

馆藏年卷的著录,以卷为主。卷号完整,不必著录所含期号。跨年的卷,不按年分开,而是著录所跨年份。例如:

继续到刊:V.7　　1980 –

中途停订:V.1 – 10　　　　1957 – 66

已停刊:　V.1 – 10　　　　1957 – 66

跨年的卷:V.3　　　　1982 – 83

以上各例均表示各卷完整。如某卷的期号不完整用以下方式表示:

某卷到刊期号:V.10:1 – 3,5 – 8　　　1966

各卷所缺期号:V.1 – 5　　1972 – 76

　　　　　　(缺:V.5:7 – 9,11)

或　　V. 8 – 20　　　　1964 – 76

　　　　（lacks：V. 15：8，10—11）

缺期太多，无法详细著录，可注明"残本"。例如：

　　　V. 12 – 15　　　　1950 – 53（残本）

或　　V. 12 – 15　　　　1950 – 53（incomp ete）

　　如果期刊无卷号，可以年代卷。

　　以上是期刊著录的主要规则与方法。按照国家标准著录，将给读者提供更多有关期刊的各种资料，而对于著录人员来说，则要求具备更多有关期刊的知识，才能把工作做得更好。

　　期刊的现刊记到工作按分工应由采购人员负责，但记到的著录内容与期刊目录有类似之处，或者说，作为期刊馆藏的原始记录，现刊记到的依据与各项内容（除到馆登记一项）应与期刊目录著录款目尽可能一致。

第四节　期刊现刊目录著录方法

一、现期期刊到馆登记

　　每本期刊到馆后，均须进行记到工作。记到工作要求及时、准确，既要避免繁琐，又要一目了然。

　　现刊记到有两种方式。一是书本式，即利用帐本登记；另一种是比较普遍采用的现刊登记卡片。卡片格式如下（卡片的规格为125 ×75 毫米）：

杂志名														
编辑者					出版者									
索取号				刊号					刊期					
年	卷	正	二	三	四	五	六	七	八	九	十	十一	十二	备注
							○							
期刊变化事项														

（正　　面）

发行者						
地址						
		定价				
订期	起	止	实价	来源		备注
			○			

（反　　面）

在现刊记到工作中,卷期登记较复杂,应区别对待。

(1)中文期刊不少在"文革"期间停刊,以后复刊;外文期刊不少在"文革"期间停订,以后重新订购。这些情况记到时在"备注"项或"变化事项"中注明。

(2)期刊中既有期号又有总号的,例如,每年都有期号,但每期有创刊以来的总期号,这种情况日文期刊较多,英、美各国期刊也有。记到时,若期刊为月刊、双月刊、季刊,或基本上一年一卷,则只需在相应月份的格子里登记总号;若期刊不定期出版,则先登

143

期号,用括号注明总号。

(3)卷、期跨年度,即年中起卷的,在卷号之始格用特殊记号表示,例如,"25"、"V. 25"表示第 25 卷开始。

(4)没有卷期号只有出版期,按出版期登记。无卷期号又无出版日期的,按到馆日期登记,在收到月份后注明(收。)。

(5)出版卷期号不按出版日期先后顺序到馆时,应以卷期号先后顺序记到,不以到馆先后顺序记到,例如,日本期刊《基础工》,1979 年五月号先到,四月号未到馆,则四月号的格子空着,先登五月号。补缺的、后到馆或提前出版的期刊,按原来年、卷登记。

(6)副刊、特刊、专号作期刊处理,按出版年月登记在主刊的年月格内,注上"增刊"或"Suppl"等字样。有的期刊如日本期刊《土木施工》,其增刊的卷、期号与主刊相连接,其"附录"则自立卷、期号。登记时增刊与主刊在一起,只需登记连续期号,而"附录"则另作"Suppl."登记。

各种现刊登记格式如下。

周刊记到格式

年	卷	正	二	三	四	五	六	七	八	九	十	十一	十二	备注
1979	1、2 3 4、5	6、7 8、9	10 11 12 13	14 15、 16 17、 18										

半月刊记到格式

年	卷	正	二	三	四	五	六	七	八	九	十	十一	十二	备注
1979	26	1 2	3 4	5 6	7 8	9 10								

月刊记到格式

年	卷	正	二	三	四	五	六	七	八	九	十	十一	十二	备注
1979	18	1	2	3	4									

双月刊记到格式

年	卷	正	二	三	四	五	六	七	八	九	十	十一	十二	备注
1979	10	1		2		3								

季刊记到格式

年	卷	正	二	三	四	五	六	七	八	九	十	十一	十二	备注
1979	15		1			2								

旬刊记到格式

年	卷	正	二	三	四	五	六	七	八	九	十	十一	十二	备注
1979		1 2 3	4 5 6	7 8 9	10 11 12									

半年刊记到格式

年	卷	正	二	三	四	五	六	七	八	九	十	十一	十二	备注
1979	8			1						2				

年刊记到格式

年	卷	正	二	三	四	五	六	七	八	九	十	十一	十二	备注
1979	83	1	册											

年中起卷记到格式

年	卷	正	二	三	四	五	六	七	八	九	十	十一	十二	备注
1978	12	10	11	12	V.13	2	3	4	5	6	7	8	9	
1979	13	10	11	12	V.14	2								

无卷期号,按出版日期记到格式

年	卷	正	二	三	四	五	六	七	八	九	十	十一	十二	备注
1979		1、8 15 22、29	5、12 19、26	5、12 19、26	2、9 16 23、30									

不定期刊物记到格式之一

年	卷	正	二	三	四	五	六	七	八	九	十	十一	十二	备注
1978				62								63		

不定期刊物记到格式之二

年	卷	正	二	三	四	五	六	七	八	九	十	十一	十二	备注
1978		113 1036	115 1050	118 1060	116 (1070)									
		114 1043	116 1054											
			117 1055											

年	卷	正	二	三	四	五	六	七	八	九	十	十一	十二	备注
1979		1 2 3 4	5 6 7 8	9 10 11 12	13 14 15 16									

复本期刊记到格式

年	卷	正	二	三	四	五	六	七	八	九	十	十一	十二	备注
1979	25	α 1	（ 表示两本 ）											
1979	26	αα 1	（ 表示三本 ）											

各种附刊记到格式

年	卷	正	二	三	四	五	六	七	八	九	十	十一	十二	备注
1979	781	1	2	1 S、 3		别册 1								Index

二、过刊合订本公务目录著录格式

索取号		刊名					
登录号	年	卷	期	登录号	年	卷	期

第六章　期刊资源的开发与利用

在传统的图书馆工作中,期刊工作主要是从事整理、流通阅览,宣传利用工作仅局限于馆藏目录和联合目录的编制,以及期刊展览等。随着我国社会主义现代化建设新局面的开创与发展,信息的重要性越来越明显,人们对信息的迫切需求将超过对于具体物质和能量的需求。期刊作为一种重要的信息资源而受到人们普遍重视。

和其他信息资源一样,期刊中包含的信息具有无限性、共享性和开发性。它们永远不会耗尽,反而增长得越来越快;它们反映了各个时期的新思想、新学说和新技术,但需要优选和系统化,才能迅速方便地提供人们利用。

人类社会的发展需要,以及电子计算机的广泛应用,对期刊工作提出了更高要求,期刊资源的开发与利用已成为图书馆工作中的重要课题,是近代图书馆向现代图书馆过渡的标志之一。因此,图书馆在继续开展期刊的流通阅览等服务工作的同时,应创造条件,扩大期刊资源的开发和利用。

第一节　加强期刊利用率的研究

期刊一般属于一次文献,能直接为读者所利用,因此,图书馆应千方百计通过宣传介绍去吸引读者利用期刊,同时应为读者利用期刊创造方便条件。

一、影响期刊利用率的因素分析

1. 期刊的内容与出版年代。

读者阅读期刊是为了获得所需的信息,因此,专业对口的期刊,文章水平高、内容新颖、信息准确可靠的期刊最受读者欢迎。同时,信息量大、信息集中的学科期刊,例如学科的核心期刊最受注意,综合性刊物往往容易被专业人员忽视。然而,许多为专业人员所需要的信息都往往在相关学科的期刊上,如何将这些信息传递给读者,帮助读者掌握查找本专业信息的方法,将影响期刊的利用率。

一般来说,读者比较重视获取最新信息,例如学科最新进展、新技术、新方法等,因此,对于同一种期刊的利用率,时间越久远越低。例如,据美国匹兹堡大学图书馆 1979 年统计,现刊利用率达 90% 以上,三年以内的期刊为 80% ,五年以内的为 60% ,15 年以上的几乎无人问津。但对于研究社会史或学科史的读者则是例外。

此外,图书馆的读者外文水平不同,对不同文种的期刊利用情况也有很大区别。

2. 读者。

读者是利用期刊的主体,读者的文化水平、成分以至年龄、性别等方面不同,对期刊的利用也不相同。

科研人员或技术人员、教师等利用期刊的目的性明确,系统性、时间性较强,要求提供最新、最全面、系统的信息。他们是图书馆的基本读者,能主动利用期刊,对期刊较熟悉。研究生基本上属于这一范畴的读者。在高等学校或研究生院图书馆,由于开展科研工作和撰写论文的需要,研究生为获得本学科或课题的信息而大量利用期刊。这部分读者一般都掌握从期刊中获取所需信息的方法,因此他们对期刊的利用率较高。

高等学校的学生能在老师(包括图书馆工作者)的指导下学会选择和阅读期刊。他们利用期刊主要是开拓视野,增长知识。高年级学生则逐步掌握利用期刊开展科学研究的方法。自从高等学校开设文献利用与检索课以来,学生利用期刊的情况有所改进。如何引导学生利用期刊是高等学校图书馆提高期刊利用率的重要课题。

广大工人、农民读者一般需要普及性刊物,即科普期刊,以及地区性的通俗易懂的刊物,例如各省、县、市出版的农业科技之类期刊。由于获取信息渠道较闭塞,往往需要图书馆主动向这些读者提供期刊,目前县、市图书馆大多开展这项服务工作。事实证明,为工人、农民提供期刊资源是发展工农业经济的重要服务手段。

3. 其他因素。

影响期刊利用率还有一些人为的因素和客观因素。

图书馆管理的科学性、合理性直接影响期刊的利用。其中包括:

①图书馆向读者开放的范围,例如:馆际互借;外单位读者的借阅限制;高等学校图书馆和资料室入藏期刊对学生的借阅限制;对期刊按类型或范围的借阅限制等。如果图书馆规定过严,期刊就难以充分利用。

②期刊的管理方式,例如:开架借阅还是闭架借阅;现刊与过

刊是否外借;期刊的排架方式是否方便开架阅览的读者查找;期刊的复印服务工作的开展等。

③期刊工作人员的素质,服务观点的确立,对期刊的熟悉程度,对读者需求的了解等,对期刊的利用有很大影响。

二、加强期刊流通、服务工作的几点意见

1.加强读者研究工作。

期刊工作人员应对本馆读者的阅读心理、阅读方法和要求有一定了解,尤其是对阅览室的基本读者、担负重点科研项目研究工作的读者等,更应了解他们对期刊的需求与利用期刊的规律性,及时提供所需最新、最有用的期刊。

2.做好期刊阅览工作。

尽量方便读者,扩大读者的范围。阅览方式以开架或半开架对读者较为方便。黑龙江省图书馆从 1980 年起,外文科技期刊对中专以上学生开架阅览,结果读者较闭架时增加一倍。

加强期刊的辅导阅读工作,除在高等学校开设文献检索与利用课普及期刊检索与利用的基本知识外,阅览室应做好核心期刊和新入藏期刊的内容介绍及本室期刊查找方法介绍等。

3.完善馆藏期刊的检索体系。

馆藏期刊的检索体系包括各种目录、题录、专题论文索引等。期刊目录体系一般包括分类目录和刊名目录,还可根据需要增加主题目录。为了全面反映图书馆期刊的入藏情况,高等学校图书馆可编制现刊目录(年度目录),反映全校期刊入藏与分布情况,帮助师生了解与本专业有关的期刊的分布,便于他们借阅利用。此外,还可根据需要编制馆藏过刊目录和新刊文献题录等。

资料室工作中,由于读者成分较简单,期刊的专业性较强,为了提高期刊的利用率,可进行期刊题录的编制,题录可按分类或主题字顺排列。编制题录可将反映在相关学科期刊中的论文——收

入,大大方便读者全面了解学科或专业的最新动向,以最少的时间找到所需期刊论文。

4.主动推荐,提供服务。

读者对图书馆的期刊入藏情况,以及期刊的内容不可能全面掌握了解,因此,期刊工作者有必要根据读者的需要,主动提供馆藏期刊,尤其是学科内容繁杂的综合性期刊,以及相关学科的期刊、年代久远的期刊等,这些期刊往往被读者所忽略,但又是读者所必需的信息来源。

目前,我国图书馆入藏的期刊利用率普遍较低,有不少期刊(特别是外文期刊)长期无人问津,由于部门所有制等管理制度的限制,需要的读者又借不到,用不上,这种浪费期刊资源的状况应引起图书馆界的重视,采取措施加以改进。

三、加强解放前期刊的整理与利用

80年代以来,图书馆入藏的20世纪上半叶出版的期刊越来越受到社会的重视。这些期刊保存了大量政治、经济和科学研究的历史资料,反映了当时我国的社会情况。社会各界和图书馆已开始整理、挖掘这些历史文献。

古旧期刊的整理工作有以下几种方式:

1.报道内容,编制索引。

为学术研究需要,编制综合性或专题索引,这是报道古旧期刊内容的有效方式,一般属于篇目索引,例如《中国近代期刊篇目汇录》(上海人民出版社出版,1980年),收录我国51个图书馆所藏1857—1918年60年间我国哲学、社会科学方面495种期刊11000余期的全部篇目;《抗战时期桂林文化运动资料丛书　文艺期刊索引》(广西社会科学院主编,广西人民出版社出版,1986年),收录80种抗战时期桂林出版的文艺期刊中的6700篇左右文艺篇目,《中国史学论文索引》(第一编)(中国科学院历史研究所一、二所,北京大学历史系合编,科学出版社 1957 出版,中华书局 1981 年重印),收录清末到抗日战争开始为止(约 1908 年—1937 年 7 月),1300 多种刊物的论文 3 万多篇。这些索引的编者有的不是图书馆界人士,因此索引中没有反映期刊收藏单位,仅反映期刊的内容。为了阅读文章内容,尚需编制馆藏目录或联合目录。

2. 编制目录。

目前正式出版的我国近代期刊目录主要是联合目录,例如《全国中文期刊联合目录(1833—1949)》、《全国高等院校社会科学 1906—1949 年总目录》等。利用这些目录可了解我国近代期刊入藏单位。

有些图书馆为了便于读者查找,在编制索引的同时,编制馆藏目录。其中重庆市图书馆 1984 年编印的《抗战期间重庆版文艺期刊篇名索引(重庆市图书馆馆藏部分)》,在编辑水平方面是比较高的。该索引收录 1937—1945 年间重庆地区出版的文艺期刊 40 种,包括篇名索引 9530 条及著译者索引、刊名目录。刊名目录著录详细,包括期刊的编辑、创刊时间和出版时间,读者查找起来很方便。

3. 主动提供服务。

主动提供服务,是期刊工作的重要方面,效果明显。例如,黑龙江省图书馆主动向该省二轻局推荐日文期刊《满铁调查月报》等,使这些期刊得到了充分利用,收效很好。

总之,提高期刊利用率的做法很多,不少期刊工作者积累了丰富经验。我们应不断总结,加强交流,使期刊在社会发展过程中发挥更大的作用。

第二节 期刊目录的编制

一、期刊目录的一般编制方法

期刊目录的编制原则与编制方法,基本上与图书目录相一致。现分述如下。

1. 字顺目录的编制。

期刊的字顺目录包括刊名字顺目录和主题目录,由于文种不同,目录的编排方法有一定区别。

(1)中文期刊字顺目录。

中文期刊字顺目录一般有两种编排方法:

一是按汉字笔划笔顺排列,即首先按汉字笔划多少排,笔划相同的字,再按起笔的顺序,即按点(、),横(一),竖(丨),撇(丿)顺次排列。第一字相同,再按第二个字的字顺排列。二是按汉语拼音的顺序排列。

汉字的笔划笔顺比较复杂,主要是繁体字与简化字有时笔划笔顺不易区分。字的起笔也不一致。在编制目录时,可以根据《新华字典》或《北京图书馆中文图书卡片目录检字表》决定笔划笔顺。

在北方,按汉语拼音字顺编制字顺目录,查找和编排都比较方便。对于南方各省,需要在推广普通话的基础上,汉语拼音字顺编制的目录,才能发挥更大的作用。

为检索方便,在刊名字顺目录正文之前,最好编制"刊名首字笔划检字表"和"刊名首字汉语拼音检字表"。

(2)日文期刊字顺目录。

有三种编排方法:①完全按日文五十音图排,这种方法不太切合我国读者的查找习惯,一般在我国编制日文刊名字顺目录时不采用。②日文期刊中,首字为汉字者,按汉字笔划笔顺排;首字为日文者,按五十音图排;首字为英文者,按拉丁字母顺序排。这种方法我国使用较普遍。目录中出现的汉字,有人主张一律按日本习惯书法排,也有人主张依中国习惯书法排。③将目录中的汉字按汉语拼音拉丁字母顺序排。这种方法不符合日文的字义语法,但对于中国读者查找较方便。以上三种编排方法,在一个单位中只能采用一种,避免两种方法同时使用,造成目录上的紊乱。

(3)其他文字期刊字顺目录,按照其字顺排列。

例如,西文或俄文期刊,按拉丁字母或俄文字顺排。英文期刊刊名中,有些词用单数,有些词用复数,如"金属"(Metal,Metals)一词,词义完全一样,应在一起,若根据语法结构按复数和单数排列,就会将意义相同的一个词分排在很远的地方。例如:《金属进展》(Metal Progress)与《金属工程季刊》(Metals Engineering Quarterly)在字顺目录中,将分隔很远,这给读者查找同一字义的期刊带来困难。因此,有人主张一个词不管是单数或复数形式,都应排列在一起。

西文期刊刊名中经常出现冠词、介词和连词等虚词,目前国内对于这些虚词的处理办法不太一致。一般的排列方法是刊名首字的冠词不排,其他的虚词一律排列。国外如《乌利希国际期刊目录》(Ulrich's International Periodicals Directory)、《美国和加拿大图书馆馆藏期刊联合目录》(Union List of Serials in Libraries of the United States and Canada 2nd Ed)等也是采用这种排列方法。持这种意见的人认为,读者查找期刊时,一般按整个刊名查找。但是也有人主张对于西文中的虚词采取全部著录,一律不排的办法。如《外国报刊目录》索引本、《兰州地区西文科技期刊联合目录》,以及《英国期刊联合目录》(British Union Catalogue of Periodicals,1955,1960)等。持这种意见的人认为:①在文献中列举的参考文献,绝大多数只写刊名中的主要词的简写,而不用虚词;②刊名中不排虚词简单、易行,合乎广大读者与期刊工作人员的习惯,合乎查找目录、排架与提取期刊等既方便又迅速的精神,避免编制目录时虚词一律排列,使用目录时忽视虚词,造成前后来回翻阅,费时费事。

西文刊名字顺目录中,应规定缩写或略语的排列方法。有的单位将刊名字母相同的期刊,不论是略语还是全称,一律按字顺排;有的单位则将使用缩写或略语的期刊集中放在期刊刊名首字相同的所有期刊之前,例如,美国土木工程师学会(ASCE)、瑞典通用电气公司(ASEA)、美国润滑工程师学会(ASLE)和美国机械工程师学会(ASME)等,均放在 A 字的所有期刊的前面。

2. 分类目录的编制。

读者查找期刊,往往从学科的角度,根据不同需要,查找某一学科或专业的内容和与其有关的其他学科和专业的期刊,分类目录正是以概念体系为中心,体现学科的系统性,便于读者掌握和利用某一学科的期刊。但是,目前各门学科互相渗透、互相结合,边缘学科不断出现,分类表跟不上学科发展的变化,加上期刊内容又往往是综合性的,这些因素造成期刊分类的困难,有时也因此影响读者不能查找到最新学科和反映最新成就的文献,降低检索效率。期刊分类目录的上述不足,可通过编制主题索引及分类目录中的参见项来补救,以形成一个完整的期刊分类体系。

二、期刊联合目录的编制

期刊联合目录是揭示和报道两个以上单位的部分或全部馆藏期刊的目录。期刊联合目录的编制,对于研究期刊的分布情况,进行期刊协调,尤其是外文期刊的协调工作,以及节省经费、增加品种有着重要作用。同时,期刊联合目录对于交换、馆际互借、复制等工作可提供很大的方便,从而达到资源共享的目的。

我国期刊联合目录的编制开始于 20 世纪 20 年代末。1929年出版的《北平各图书馆所藏中文期刊联合目录》是我国第一部联合目录,也是 20 世纪上半叶唯一的正式出版的期刊联合目录①。从 50 年代开始,期刊联合目录的编制工作有了发展。1957年在国家科委主持召开的第四次扩大会议上,拟定了全国图书协调方案,建立了中心图书馆并成立了全国联合目录编辑组,为顺利开展全国性联合目录工作提供了组织保证。此后,不到十年时间,我国编制的中、外文期刊联合目录的种类很多,有全国性的,也有地区性的;有综合性的,也有专业性的。例如:《全国中文期刊联合目录(1833—1949)》、《全国西文期刊联合目录》及其续编、《全国俄文期刊联合目录》、《全国日文期刊联合目录》、《中国科学院图书馆编印全院所藏期刊总目》、《广东地区图书馆馆藏西文科技期刊联合目录》等。这个时期编制的期刊联合目录多属回溯性目录,收录范围以科技期刊为主。"文革"期间,期刊联合目录的编制工作一度中断。"文革"以后,各种期刊联合目录陆续编制出版,除编制回溯性目录外,各省市、专业部门还编制了期刊订购联合目录,例如《1978 年全国预订外文科技期刊联合目录》等。

世界上第一个期刊联合目录是 1859 年意大利米兰地方的期刊联合目录。目前各国均编制各种期刊联合目录,比较著名的有《英国期刊联合目录》、《世界科学期刊目录》、《美国与加拿大图书馆馆藏期刊联合目录》、日本《全国公共图书馆逐次刊行物总合目录》等。

期刊联合目录的编制,包括组织工作和编制出版工作两部分。组织工作包括领导部门和参加单位的确定、工作计划的安排、人力的组织等。编制出版工作包括编制方式、收录范围和著录方式、目录编排方式等方面的确定、汇总工作和出版工作等。

---

① 见《图书馆学目录学资料汇编》第 361 页,书目文献出版社编辑出版,1983 年。

编制方式一般有两种：一种是以某一馆藏目录为基础，增补参加馆的馆藏部分。另一种是由各馆分别送交馆藏目录，由编辑组汇总。第一种编制方式较适用于某馆已建立期刊目录数据库，且期刊收录较全，刊号统一，以及期刊著录方式较一致的情况。例如，当北京图书馆中文期刊数据库建成后，以此为基础，用计算机编制期刊联合目录将是省时省事的办法，各参加馆只需在北京图书馆馆藏目录上著录参加馆代码、馆藏情况等，将这些数据输入计算机，联合目录即可迅速编成。第二种方式适用于各馆馆藏期刊品种较分散，差别较大，重点不突出的情况。这种方式的汇总工作量较大。

收录范围主要根据联合目录的性质和类型确定，综合性目录包括参加馆全部期刊馆藏，专业性目录仅收录其中某一学科范围的馆藏期刊，订购目录收录某一年度参加馆订出的期刊，期刊是否到馆只能在馆藏目录中反映。此外，也可分时期进行收录。

著录方式应统一，包括著录内容（项目）、著录格式等。由于连续出版物著录的国家标准已经实施，应按国家标准的著录格式进行著录，但著录内容的详略应通过参加馆商讨，一般应包括题名与责任者项；版本项；卷、期、年、月或其他标识项；出版与发行项；附注项；馆藏项（各馆代号、入藏情况等）。如果按分类排列，应有分类号；如果有主题索引，应有主题词，有的目录各款目还著录顺序号。外文期刊可增加中译刊名。

目录一般应包括参加馆代码一览表、编辑说明和正文等。中文期刊联合目录可编制"刊名首字汉语拼音检字表"或"刊名首字笔划检字表"等。为便于查找多主题期刊，可编制主题索引；如果正文按分类排列，可编制刊名字顺索引；反之，正文按刊名字顺排列，可编制分类索引。

汇总工作可由一个馆负责，也可由若干馆组成编辑组负责。汇总工作质量决定联合目录的水平，而汇总工作是建立在准确著录的基础之上的。汇总工作必须耐心细致,防止错漏。

第三节　索引和文摘的编制

索引和文摘同属于二次文献,是反映期刊内容的重要形式。目前我国情报部门均从事索引和文摘的编制。如果说目录和简介是从期刊整体(即某一种期刊)对其进行宣传报道的话,索引和文摘则是以期刊的文章作为报道的内容,因此,它是读者有目的地利用期刊的重要工具。

一、索引与文摘的作用与种类

我们通常说的期刊索引,主要包括篇目索引和辅助索引。所谓篇目索引,就是指示出期刊中刊载的文章题目、作者及出处,按照一定的原则和方法编排而成,提供人们检索之用。科学技术文献出版社出版的《国外科技资料目录》属于这一类索引。所谓辅助索引,就是在篇目索引之外,根据需要,经过分析,把期刊文章中出现的人名、地名或论述的主题、分子式等,按一定原则和方法编制而成。辅助索引著录较简单,一般只包括期刊文章篇名,以及文章在篇目索引中的顺序号或所在页数。目前我国对于索引与目录的含义在图书情报界还存在不同意见。

期刊文摘是将期刊的论文以简练的语言,编写摘要,注明出处,按照一定的原则和方法编制而成的。

目前国内外期刊出版量很大,同一学科的论文往往分散在各种期刊中。索引和文摘的作用,就是使读者能以较少的时间和精力,掌握有关文献的现状和基本内容,了解本专业的最新成就和动向,避免在学术研究和生产中重复劳动。通过我国出版的索引和文摘类刊物,还可以了解文章原文的入藏单位,根据需要索取或复制。

文摘主要有下列几种：①根据摘要内容的详略，可分为指示性文摘（indicative abstract）和情报性文摘（information abstract）两种。前者实际上是简介性质的，字数为数十字；后者对原文作较详细的反映，使读者能扼要地了解原文内容。②根据编写的方法，可分为自编文摘和翻译文摘。③根据形态可分为书本式、卡片式、缩微复制品和磁带等。④根据出版方式可分为综合本、单卷本。⑤根据语言可分为本国语言的、外语的、多种语的。⑥根据收录地区可分为国际性的、全国性的和地区性的。

另外，索引还可因标引方法和排列方法不同分为下列几种：

按主题学科领域分为综合性索引和专业性索引。

按标目分为主题索引、分类索引、人名索引、著者索引、地名索引、年代索引、化学式索引和插图索引等。

按排列方法分为字顺索引、分类索引、流水号顺序索引、题中关键词索引（KWIC）、题外关键词索引（KWOC）和引文索引等。

二、编制的原则和方法

1. 索引和文摘的编制。

期刊的索引和文摘一般属于检索性期刊，要求迅速、准确、全面地反映期刊内容。因此，编制索引与文摘首先要配备一个班子，其中包括编辑、翻译和标引人员。其次是要确定编制的原则，例如，确定主题范围、收录的期刊及做文摘和索引的文章选择标准和标识系统（如分类表、主题表），以及出版周期及形态等。

期刊索引和文摘的著录内容一般包括：①文章篇名中译名；②文章原文篇名；③作者；④刊名；⑤出版者；⑥出版年；⑦卷、期号；⑧起止页数；⑨使用文字；⑩文章摘要。其中的①⑨两项只有外文期刊才有，⑩项只有文摘才有。

各种索引和文摘著录格式如下：

期刊论文索引文摘著录格式

分类号
顺序号　中文题名＝外文题名〔刊，文种〕/著者//刊名〔国别或地名〕.—年，卷〔期〕.—所在页码
　提要。图×表×参×〔文摘员〕
主题词
　　　　　　　　　　　　　　　　　　　　索取号

期刊论文索引文摘著录图例

分类号
顺序号　高等教育机构在发展过程中的作用＝The Role　of Instiutions　of Higher　Education in the Development Process〔刊，中〕/阿马杜—马赫塔尔·姆博//华东师范大学学报（教育科学版）.—1988（1）.—1～7
　提要〔略〕
高等教育—教育组织机构—作用；高等教育—教育组织机构—国际合作

在国外，由于使用电子计算机编制索引，出现了题中关键词索引和题外关键词索引。

题中关键词索引（KWIC－Key Word－In－Context）就是从题目中抽出关键词，放在题目中可以检索的形式排列。例如：

文章题目	文献号
联机情报检索系统	001
谈谈情报检索方法	002
计算机网络	101
计算机网络	101
……	

注:加横线的词是关键词。

题外关键词索引(KWOC – Key Word – Out – of – Context)就是把关键词抽出题目之外,编成索引。例如:

```
情报检索
    联机情报检索系统           001
    谈谈情报检索方法           002
    ……
计算机
    计算机网络                 101
    ……
```

2. 我国索引文摘编制工作的几个问题。

期刊索引的编制工作中,有几个问题影响索引的准确性与全面性,值得大家共同研究解决。

①选用期刊的范围问题。

作为一门学科或某一专业的索引、文摘,其报道内容应尽量求全,避免重大遗漏。要做到这一点,关键在于确定期刊的选用范围。目前我国出版的索引、文摘,一般由某一学科(或专业)期刊藏量较多的情报单位负责编辑。这些单位都比较注意收集本专业的期刊,注意对基本期刊的选用。但是,由于学科交叉和收集工作、编辑工作的局限性,以及编辑力量的限制,因此遗漏颇多。

学科交叉使某一学科的论文大量散见于其他学科,例如,"车轴的断裂及其对策"一文,与固体力学有关,也与车轴寿命的研究有关,而文章却发表在日文期刊《机械设计》上。这种情况往往容易被读者忽略,因此,要求索引和文摘编辑人员善于发现并报道这些文献。在国外,无论是日本还是苏联,他们的文摘索引也有基本选用期刊,但是每一期都收入大量非基本期刊。而我国的索引文摘在这方面有一定差距,造成索引、文摘类期刊报道不全面,甚至基本期刊中文章的选用也有遗漏。

为了使报道内容尽量全面，要求负责索引、文摘编辑工作的单位对期刊的收集工作面要广泛一些，注意相关学科期刊的收集。选用的期刊除了基本期刊外，对相关学科的期刊要善于从中发现和报道与本学科密切相关的内容，以提供读者利用。

②标引工作问题。

索引和文摘的标引工作一般包括三个方面：内容分析、给标识（即根据文章内容给分类号或主题词）和著录，索引和文摘标引工作的好坏，直接影响索引和文摘的查全率和查准率。

使用分类表的标引工作，目前一般只选一个分类号，这对于具有多方面学科内容特征的文章来说，既不能全面反映文章的内容，也容易造成按标引人员的主观意愿办事。因此给分类号时，最好根据内容给参见号，从不同角度反映文章的内容特征。这样做会增加索引的篇幅，但却给读者查询带来很大方便。主题索引的编制，同样要注意这个问题，尽量防止"不完全标引"和"过度标引"。

③索引的出版方式问题。

目前国内一些专业性索引分中文和外文两种形式出版。中文期刊的出版，一是种类较少，二是相当一部分期刊的出版周期难以保证，造成中文期刊索引来源较困难，容易影响质量。或者因篇幅关系延长出版时间，造成索引报道周期长，影响读者的利用。另一方面，人为地将同一专业的中外文期刊索引分开出版，不但浪费人力物力，而且造成使用上的困难，容易漏查。因此，在可能的情况下，同一学科（或专业）的中外文期刊索引以一种刊物形式出版为宜。国外目前普遍使用这种方法，检索的效果较之把本国及国外期刊索引分开出版好得多。国外的做法值得我们借鉴。

④检索类刊物的索引系统问题。

为了提高文摘的查准率和查全率，国外检索类刊物一般还编制各种索引，例如，年度索引、累积索引、著者索引、主题索引、来源索引、分子式索引等。据统计,英国《科学文摘》编制 7 种索引,美国《化学文摘》编制 9 种索引。这些索引是检索类刊物的重要组成部分,二者相辅相成,形成一个完整的检索体系,读者可以从不同的角度查找到他所需要的文献,使检索类刊物发挥更大的作用。

第四节 期刊服务工作的其他方式

一、复制工作

复制业务是读者需求率较高的服务项目。目前,复制业务开展最普遍的是静电复制,但对于照相复制、缩微复制的需求量也很大。复制是期刊服务工作的基本服务方式之一。

二、情报研究服务

情报研究服务即开展三次文献服务。对于读者(或用户)来说,情报研究服务可直接提供经浓缩、加工的综述、述评、数据,以及动态性情报,从而大大节省获取情报的时间和精力,对于决策部门、跨学科或跨行业的研究项目尤其必要。

情报研究服务要求工作人员熟悉国内外期刊,了解研究课题的学科性质和目的要求,以加强情报服务的针对性,信息来源的可靠性。目前国外发行的科学刊物数量庞大,每年发表的科学论文数以百万计,但不少论文质量差,有的甚至伪造科学成果,使一些科学刊物变成没有学术价值的出版物。因此,从事情报研究服务应善于去伪存真,事实和数据力求准确,具有参考价值。

三、专题资料汇编工作

我国开展专题资料汇编工作较早的是中国人民大学书报资料

社,该社出版的《复印报刊资料》收入国内的报刊和部分丛刊、汇编等达1400余种,按学科或专门问题分类出版,分102个专题供读者选择。此外,近年来不少图书馆也利用馆藏期刊编辑出版各种汇编性出版物,便于参考使用,大大提高了报刊的利用率。

四、委托代查、代译服务

随着我国社会主义现代化建设的不断发展,从中央决策部门到各企业、厂矿对期刊的需求量增加,急需图书情报部门提供期刊的原始资料和译文。有的图书馆将这些服务工作列为参考咨询工作的内容。这些工作要求工作人员熟悉馆藏,善于使用二次文献,同时要求具备较高的外语水平和业务能力。

第七章　期刊工作现代化

第一节　　电子计算机的应用

电子计算机应用于图书情报部门的期刊工作,主要分检索服务和管理两方面。

期刊的检索服务工作自 60 年代开始应用电子计算机。1970年美国正式刊行期刊机读目录:"期刊:MARC 型"(Serials:MARC Format),1971 年刊行"补遗编 no. 1",1974 年刊行第 2 版,其中进行了一些变更,显著地使用国会图书馆卡片号码,增加了全国期刊数据程序(NSDP—National Serials Data Program)所需的识别刊名(又称关键刊名—Key Title)。以后,又制订了"期刊编目工作转换"计划(CONSER—Conversion of Serials),在国会图书馆管理下,由参加这个计划的图书馆联机输入,构成数据库。期刊分类综合目录,可以构成数据库的外存。CONSER 可使用美国国会图书馆期刊机读目录(LCMARC—S)和国际连续出版物数据系统(IS-DS)。

提供期刊书目服务的系统,还有美国俄亥俄的联机计算机图书馆中心(OCLC—Online Computer Library Centre,前称俄亥俄大学图书馆中心)。该系统建于 1974 年,记录包括各种载体书刊资料数据上千万件,近两年该系统的联机联合目录(OLUC—Online Union Catalog)平均五个月增加 100 万个记录,其中期刊占相当数量。据该系统《OCLC Newsletter》1988 年第 3/4 月号介绍，该联合目录到 1987 年 12 月已收入中文期刊 6832 个记录。

此外，法国、瑞典、丹麦、挪威、匈牙利等国也建立了期刊联合目录自动化系统。

国际上最大的期刊数据系统是国际连续出版物数据系统（ISDS）。据 1986 年 1 月的统计，该系统国际中心已收录 179 个国家 304128 种连续出版物，共计全记录（Full Record）256514 个，短记录（Short Record）47614 个（该系统情况介绍见第二节）。

期刊检索服务的计算机系统发展最快的是二次文献数据库，美日诸国全国性情报部门相继建立二次文献数据库，发行计算机磁带，一些文摘索引出版部门也发行计算机磁带。随着微型计算机的广泛应用，1984 年出现了适用于微型计算机的专集版磁带，例如，美国生物科学情报社（BIOSIS）出版的《生物学文摘》，分 14 个专题的分集版（Subsets）；美国国立医学图书馆（NLM）出版《医学文献联机》的专集版。

光盘、视盘的出现，在期刊工作中首先用于二次文献的编辑出版。其特点是存储的信息容量大，可使用计算机检索。在美国，1986 年正式投入市场的只读光盘（CDROM—Computer Disk Read Only Memory）磁带已有 40 多家，其中较著名的是美国数字设备公司的《只读光盘数据库刊物》（CDROM Database Publications），它包括《工程索引》社、《化学文摘》社和美国全国技术情报服务处（NTIS）等五个机构出版的机读磁带转录的 10 种分集。

在我国，期刊机读目录的研制主要在北京图书馆进行。中文期刊机读目录数据库已开始建立。该数据库的特点是：①汉字记录一次输入，可生成分类目录、刊名字顺目录等多套目录。分类目录可按《中国图书馆图书分类法》和《杜威十进分类法》排列；刊名字顺目录可按汉字和汉语拼音字顺排列。②我国国家标准的著录格式和《国际标准书目著录（连续出版物）》的著录格式兼容，著录格式靠拢 ISBD(S)，同时根据中文期刊的特点和著录习惯作补充规定。③机读格式的确立，做到国际机读目录格式（UNIMARC）与国际连续出版物数据系统的机读格式（ISDSMARC）同时输入，二者兼容。即在格式结构、字段设置等方面向 UNIMARC 靠拢，便于国际间机读书目数据相互转换，尤其便于与文字相近的日本机读目录（JMARC），以及文字相同的台湾省机读目录的数据交换，容易实现格式的相互兼容。由于我国已成立 ISDS 的中国国家中心，机读磁带需报送 ISDS 国际中心，因此机读格式同时应与 ISDS 机读格式兼容，即按 ISDS 要求组成文件格式。因此，中文期刊目录数据库已实现一次著录输入，产生多种格式的书本或卡片形式的目录和申报单等。它们的数据转换过程分别为：（a）中文 UNIMARC 格式转换英文 UNIMARC 格式；（b）中文 UNIMARC 格式转换中文 ISDSMARC 格式$\rightarrow$罗马化 ISDSMARC 格式$\rightarrow$ISDS 代码转换ISDS 代码 MARC 转换ISDS 输出形式（字段形式）$\rightarrow$组装按ISDS 要求组成文件格式$\rightarrow$输出书本或卡片形式。④国内要求与国外要求的兼容。数据库可根据国内和国外要求输出期刊目录。

由于中文期刊目录数据库需多方面兼顾，因此格式很复杂，软件系统设计难度很大，不但要求通过 UNIMARC 格式自动产生 ISDSMARC 格式，而且要求用原始信息中文自动产生罗马化信息。北京图书馆自动化发展部经过几个月的研究，自行研制成符合要求的计算机机读磁带，经 ISDS 国际中心验证，送出的磁带完全合格，效果很好。

我国科学技术情报部门在建立中文期刊数据库方面起步早，取得了一定成果。70 年代初，《中文科技资料目录》各分册（即期刊论文索引）按专业陆续出版。70 年代中期开始编制《汉语主题词表》，在此基础上，许多科学技术专业叙词表相继编制出版。以上工作对于建立数据库的文献前处理提供了技术力量和物质条件。70 年代末，国家和地区情报中心，以及专业情报中心纷纷设立计算机检索工作机构,引进国外技术,利用计算机进行检索试验和建库试验。80年代以来,利用电子计算机提供情报受到各级领导部门的重视。国务院电子计算机和大规模集成电路领导小组决定建立国家科技情报检索系统,并列为重点项目,成立了全国科技情报检索系统领导小组。1983年6月,全国科技情报检索系统领导小组提出了全国计算机情报检索系统的结构设想:由国家级情报中心、专业情报中心、地区情报中心和基层情报单位组成分布式情报联机检索网络。在此期间,中国科学技术情报研究所、各专业情报中心和地区情报中心纷纷制定规划,进行建库的研制工作。

到目前为止,中文科技期刊论文数据库的建库工作有一定进展,化工、机械、铁道、医药、中药等专业数据库都输入了上万条数据,有的利用建库时所建立的标准文献磁带数据,由计算机编排、打印输出书本式检索刊物。例如,国家医药总局情报所与中国科学技术情报研究所协作,进行"中药资料电脑检索中心"的建库工作,并在建库基础上,利用TK-70电子计算机自动编排文摘和索引,1982年10月创办《中国药学文摘》第1期。此外,《中文科技资料目录——铁路》也于1985年利用M-150H中型电子计算机进行编辑排版,通过激光打印机输出,极大地提高了工作效率,使工作人员从繁琐的重复劳动中解脱出来。可以认为,中文期刊论文数据库的建立,已从试验阶段开始进入实用阶段。各单位建库时均注意数据磁带格式的标准化及中文检索与西文检索的兼容等问题,使数据库符合我国的国情,符合全国检索系统发展规划的要求。

电子计算机用于期刊管理的问题比较复杂。期刊管理属于封闭性管理,仅为本馆内部工作,对外界影响有限,从效益上远不如期刊的检索利用,而且期刊是动态型出版物,刊名等时有变更,必须按期号登记,管理工作比较复杂,花费人力不少,对管理人员的素质要求也比较高。因此计算机期刊管理系统开发工作不如计算机期刊检索系统。但是近几年国内外在这方面有一定进展,特别是应用微型计算机建立期刊管理系统发展较快。不少图书情报部门,例如国防科工委、河北省和宁夏回族自治区情报所、广东省中山图书馆、东北工学院图书馆、上海航天局八〇七研究所等,均建立了各种类型、不同功能的期刊管理系统。

计算机期刊管理系统可按中、外文期刊和现刊、过刊建立数据库。目前国产的长城、骊山等型号微型计算机均可用于建库。管理系统的总体设计可根据手工管理的整个过程进行,同时能将业务工作管理与读者服务工作紧密结合起来,从而实现以下功能:

(1)期刊订购:①查重——按刊号或刊名查重,并将上一年订购份数等移至本年度征订目录或订购目录上。②订购登记——输入旧刊续订的份数、期刊订价(单价),由计算机进行帐目结算。③中文期刊可按邮局要求的格式打印清单,以省去繁琐的抄写订单的工作。本功能要等邮政部门实行计算机管理后才能实现。④删除记录——处理年中停刊或订刊时停订某些期刊,将该刊信息从主文档中剔除,存放在另一专门文件中,以备查找。⑤统计——按期刊发行渠道、按类(例如按分类法的类目)统计各类期刊的种数、册数、订款数字,计算出它们各自占总种、册及订款总额的百分比,并列成表格。⑥核对——核对分馆或下属资料室订刊数。⑦催缺——当已订期刊脱期时,打印催询单。⑧进行外文期刊订购协调管理。

(2)现刊记到:输入期刊代号或刊名,再输入到馆期刊的期号,同时可做赠刊的追加记录。记到后,计算机可显示该刊到馆情况,所缺期号,以及期刊分配其他馆、室的自动处理,打印送刊清单。

(3)过刊装订:把已到齐还未下架的期刊有关数据转入装订数据库,同时把期刊加上下架标记,对到馆期刊全年是不是到齐进行核对,已到齐的过刊打印出装订单,打印下架通知单。

（4）期刊编目：①对新订期刊编目；修改已存入的期刊著录项目；打印馆藏期刊目录。②对过刊合订本核对修改；给财产号（登录号）；打印大帐清单；添加记录；记录馆藏。

（5）期刊的读者服务：①统计借阅动态；借出登记；还回注销；过期催还；预约借刊；缺页或丢失赔款；拒借情况。②统计读者要求；读者成分、年龄、专业、学历、单位、担任课题。③记录期刊利用率；期刊质量情况。

（6）期刊的书目服务：①开展各种检索服务，输出打印各种期刊馆藏目录或联合目录；文种选择；刊名、刊号、分类号、主题词（关键词或叙词）、编辑部等方面的书目检索，以及进行浏览性检索。②开展期刊报道服务，把最新入藏的期刊按分类或主题打印期刊报道，或定题服务资料，根据指定分类号或主题词打印期刊报道。

（7）期刊统计：输出各类统计表和过刊剔旧参考表。可按预定程序进行从订购到流通的数十种统计。

总的来说，我国在开发期刊管理软件，尤其是微型计算机的开发利用方面，已取得一定进展，积累了一些经验。这方面的工作有待于总结和加强。

第二节　国际标准连续出版物编号及其数据系统

一、国际连续出版物数据系统的建立及其工作情况

1. 建立与发展。

60 年代，全世界期刊数量发展庞大，一些国家已着手研究期刊的目录控制标准化，探讨期刊处理应共同遵守的格式，以便顺利地开展期刊信息交换，有利于期刊的订购、整理和利用。美国的国

172

家图书馆和一些图书情报部门在国家科学基金会(National Science Foundation)的资助下,共同研究、试验期刊控制的标准化问题,并于1965年提出了科技期刊数据处理的报告。美国国家标准局(ANSI)也参加了此项研究。1968年5月,美国提出了期刊的一种标准代码。

与此同时,联合国教科文组织(UNESCO)与国际科协(International Council of Scientific Union)于1967年共同研究世界科学情报系统(UNISIST)的可能性,认为应建立一种全世界通用的编码系统,应用电子计算机记录和传播期刊的信息。

1970年,国际标准化组织(ISO—The International Organization for Standardization)在挪威奥斯陆召开的会议上提出的"国际连续出版物数据系统可行性与初步系统设计的报告"获得通过,并交由联合国教科文组织宣布试办。1972年国际标准化组织第46技术委员会数字工作小组在荷兰海牙开会,会上通过决议,批准ISSN的标准草案。

其时,法国政府表示,愿意资助成立国际连续出版物数据系统(ISDS)的国际中心,1972年11月6日联合国教科文组织宣布ISDS国际中心成立,并致函各会员国合作,设立本国的ISDS国家中心,负责本国连续出版物ISSN的登记编号工作。

目前,ISDS国际中心已收录179个国家的连续出版物304128种,建立了连续出版物文档,为全世界学术部门、图书情报部门和出版发行部门提供各种信息服务。

2.组织与任务。

ISDS是各国政府间的合作组织,由它的国际中心(Inernational centre)和各国家中心(National centre)或地区中心(Regional centre)组成,构成一个网络。国际中心设在巴黎,地区中心由几个国家根据地理、语言和政治等因素自愿组织而成,现有苏联、东欧等国地区中心和东南亚地区中心。

国际中心每两年召开一次全体大会,制定各种方针政策,选举产生理事会(Governing Board),理事会负责听取和批准国际中心的工作报告和年度预算等。为解决有关 ISDS 的技术问题,国际中心设立了技术顾问委员会(Technical Advisory Committee)。该委员会由国际中心与联合国教科文组织秘书长协议选聘,经理事会审核批准,由世界特殊技术的专家组成,设计和管理自动化数据系统,并向国际中心提出各种建议。

国际中心的任务是:

①对连续出版物的编目数据进行贮存和管理;

②给各国家或地区中心分配 ISSN 的区段;

③利用贮存的数据编制各种目录,向世界各国分发;

④促进各国家或地区中心的建立;

⑤搜集全世界所有连续出版物的出版情报;

⑥与有关国际组织、国际科学联合会、国际标准化组织、国际文献工作联合会、国际图书馆协会联合会等保持联系。

国际中心编制的资料有:

①题名索引(Titles Index);

②ISSN 索引(ISSN Index);

③ISDS 期刊登记(ISDS Register of Periodical,简称 Register);

④分类题名索引(Classified Titles Index,简称 CTI);

⑤新题名与改名索引(New and Amended Titles Index,简称 NAT);

⑥新题名累积索引(Cumulated New Titles,简称 CNT);

⑦轮排索引(Permuted Index);

⑧缩微版刊物参考索引(Microform Reference File,简称 MRF)。

国际中心出版《ISDS 工作手册》(ISDS Mauual)。工作手册分两部分:第一部分介绍该中心的组织结构、职能和方针政策;第二

174

部分详细介绍中心的工作程序,包括 ISDS 的记录、标识数据单元(ISSN、识别题名、数据传输单的互换格式等)。

国家或地区中心的任务是:

①编制国内出版的连续出版物编目数据送交国际中心;

②给每一种连续出版物分配 ISSN 号码;

③将国际中心编制的连续出版物目录分配给国内有关部门使用;

④与国内连续出版物的出版者和使用者保持联系。

我国国家中心的主要任务就是按照 ISDS 的章程和工作手册的规范,给每种连续出版物分配一个 ISSN 和一个识别题名,把手工著录的数据通过计算机加工成机读形式,记载在磁带上,并向 ISDS 国际中心提供中国连续出版物的有关数据,目前只处理中文期刊。到目前为止(1988 年底),中国国家中心已向 ISDS 国际中心提供近千种期刊的数据,数据以磁带形式提供给国际中心。

所有国家中心的组织领导工作、工作规范和工作手册的制定、对外联系以及连续出版物数据的编制、数据的录入及其更新、目录的出版等工作均由 ISDS 中国国家中心负责。

ISDS 中国国家中心数据加工工作流程见 176、177 页图。

ISDS 数据的开发利用工作已在我国开展,北京图书馆已全部引进该系统国际中心发行的机读数据,并于 1984 年 11 月开始对馆内外提供服务。用户可按 ISSN、出版国别、使用的语种或者分类检索,可输出机读磁带、打印书本目录和打印卡片目录。

开发利用 ISDS 数据对于图书情报部门了解国外连续出版物的出版情况,以便于订购,以及提高外文连续出版物的编目质量和工作效率,建立外文连续出版物的数据库,编制各种目录均有所帮助。

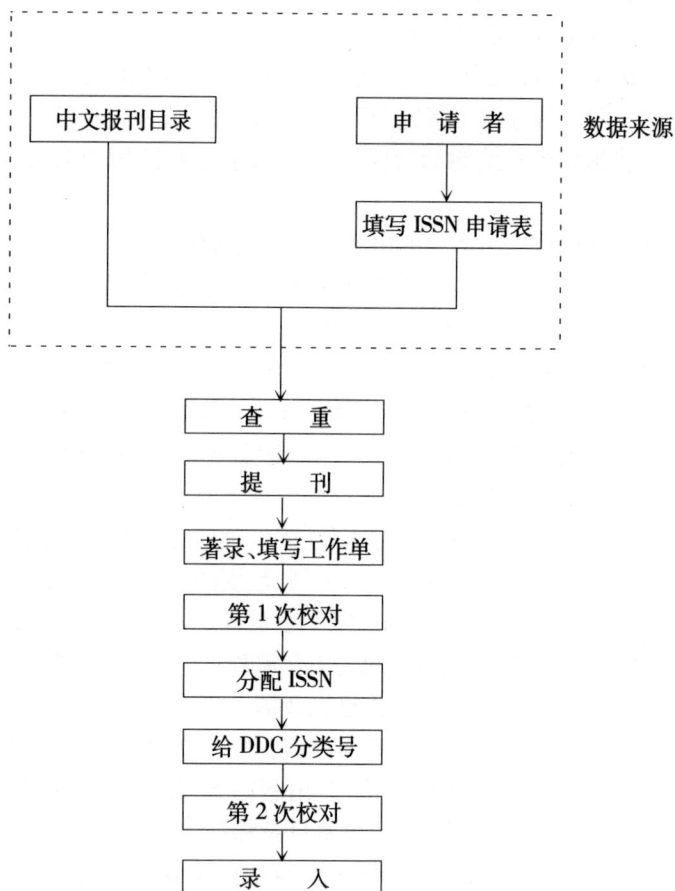

图一　数据录入前的工作流程

```
                    ┌─────────────────┐
                    │  打 印 申 报 单   │
                    └─────────────────┘
                             │
                             ▼
                    ┌─────────────────┐
                    │ 报国家出版局、中  │
                    │ 宣部获得批准     │
                    └─────────────────┘
                             │
                             ▼
                    ┌─────────────────┐        ┌────────┐
                    │ 磁        带     │───────▶│ 报送   │
                    └─────────────────┘        │ ISDS   │
                       │          │            └────────┘
            ┌──────────┘          └──────────┐
            ▼                                ▼
    ┌─────────────────┐              ┌─────────────────┐
    │  打印卡片目录    │              │  打印书本目录    │
    └─────────────────┘              └─────────────────┘
       │         │                            │
   ┌───┘         └────────┐                   │
   ▼                      ▼                   │
┌──────────────┐  ┌──────────────┐            │
│ 排入 ISSN 目录 │  │ 排入题名目录  │            │
└──────────────┘  └──────────────┘            │
   │                                          │
   │      ┌─────────────────────┐             │
   └─────▶│ ISSN 通知期刊编辑部   │◀────────────┘
          └─────────────────────┘
                    │
                    ▼
          ┌─────────────────────┐
          │ 获得期刊变化信息      │
          └─────────────────────┘
                    │
                    ▼
          ┌─────────────────────┐
          │  更  新  数  据      │
          └─────────────────────┘
```

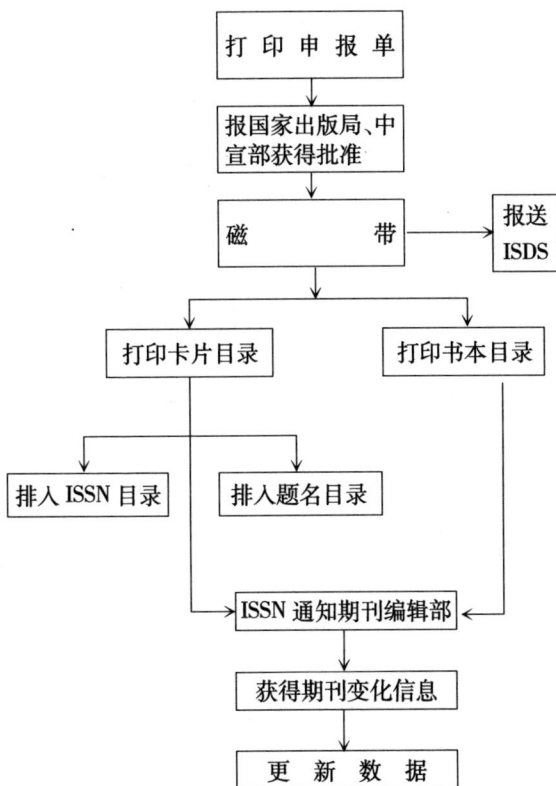

图二　数据录入后的工作流程

二、国际标准连续出版物编号（ISSN）

国际标准连续出版物编号（ISSN—International Standard Serial Number）是一种用以识别连续出版物的数字代码，已成为目前世界上两种庞大而简明的连续出版物鉴定系统之一。它具有以下功能：

①用来识别任何文种、任何地区或国家出版的连续出版物。任何一种连续出版物只分配一个 ISSN，而且永远不变，因此可看作是刊名的一部分。

②图书情报部门可利用 ISSN 查找连续出版物和催补缺期。

③可简化编制联合目录及其他目录的作业内容，简化馆际合作、馆际互借系统。

④ISSN 尤其适用于计算机作业，在数据库的更新、修订、补充和传递信息等方面发挥作用。ISSN 作为连续出版物的题名代码可减少文档的长度。

⑤ISSN 使本国连续出版物参加国际登记，从而有机会向全世界传播。

ISSN 的一组一组号码由 ISDS 国际中心分配给各国家或地区中心，并由它们负责推广采用。为了避免配号重复，每一次分配的号码都有一定数量，通常根据该国家或地区出版的刊物数量多少而定。当一国或一地区中心的一组号码分配完毕，再向国际中心申请一组新号码。这样一来，每个国家或地区的 ISSN 就不能连贯。

国际标准《ISO 3297－1975（E） 文献工作——国际标准连续出版物编号（ISSN）第一标准版》中提出：

"要有一个国际机构来实施 ISSN。这项工作必需在国际机构和实际负责连续出版物收藏工作的国家或地区机构之间进行协调。

这样就需要建立两级系统,该两级系统的任务是促进 ISSN 在国际一级和国家(或地区)一级范围中进行推广使用。……"

国际中心除负责分配 ISSN 字段外,还负责整个总体系统的设计和协调(包括对交换格式的基本数据单元制订定义),以及负责 ISSN 的国际注册。

国家或地区中心负责分配 ISSN,确定识别题名,并按照规定将已登记的连续出版物记录,定期用机读记录格式向国际中心呈报。中国国家中心于 1986 年 6 月开始办理 ISSN 的分配,分配范围包括中国出版的中文期刊,期刊应是公开发行,并在政府有关出版部门注册登记,有期刊登记证号。同时,中国国家中心还负责制订 ISSN 的国家标准。连续出版物申请分配 ISSN 时,可向中国国家中心索取并填报申请表。

ISSN 的结构如下:

ISSN 由八位阿拉伯数字组成,最后一位是校验位。八位数字分为两组,四位一组,中间加连字符"—"相隔。数值的校验主要是为了纠正在转录时出现的错误。校验位的计算方法是用加权值 8—2,以模数 11 为基础核算:

取前面的七位数字　　0　9　1　0　4　6　0
取加权值 8—2　　　　8　7　6　5　4　3　2
两行各数相乘　　　　0　63　6　0　16　18　0
所得各数相加　　　　0 + 63 + 6 + 0 + 16 + 18 + 0 = 103
以模数 11 除总和　　103 ÷ 11 = 9 余 4
以模数 11 减余数　　11 − 4 = 7

7 即为校验位,放在最后边:

　　ISSN　0　9　1　0 - 4　6　0　7

如果校验位是 10,则用 × 代替。校验位是 ISSN 的基数之一,是不可分割的一部分。

ISSN 按要求应印在每一期连续出版物的明显位置,例如封面右上角、题名页、版权页或封底等。当一种连续出版物改名时,需分配一个新的 ISSN 并重新确定识别题名。一种连续出版物已经分配了 ISSN,就不能再分配。假如必须取消这个 ISSN,这个号就永远不能再用。当一种不同的连续出版物出现在另一种连续出版物内时,这两种连续出版物都应该有自己单独的 ISSN 和识别题名。

识别题名的确定应按照 ISDS 手册的有关规则进行。识别题名取自登录时出版物本身的题名信息。所有识别题名与 ISSN 都记录在 ISDS 的文档中。非罗马字母(如日文、朝鲜文)的识别题名要求按照有关标准罗马化。中文刊物则采用汉语拼音。

第三节　期刊工作的标准化与缩微化

一、期刊工作标准化

期刊工作标准化关系到期刊的出版发行、管理与利用。工作中常常会遇到这样的问题:哪些出版物属于期刊? 出现这个问题,就是因为一些出版机构对于书刊资料没有统一的认识,造成一些出版物的内容、构成和版面编排等方面的混乱。例如某厂出版《×厂通讯》,内容是与该厂生产有关的技术性文章,包括论文、消息报道、译文等,从出版物的内容来看属于期刊。但版面编排却缺少出版周期、卷、期、出版年、月等标志,而这些标志则是期刊不可缺少的。这种情况给书刊资料的整理与利用带来不少困难。

在期刊著录工作中,由于没有统一的著录条例,著录内容等在各图书馆、情报部门,甚至同一单位不同工作人员之间各不相同,造成了同一期刊在目录上、排架方面分置数处,联合目录工作混乱,也给输入电子计算机、编制机读目录等工作带来困难。

在图书馆和情报部门工作中,标准化问题直接影响图书馆和情报部门之间的协作和交流,以及国际交流活动的开展。因此标准化是图书情报工作自动化和网络化的基础工作。国外对于图书情报工作,其中包括期刊工作的标准化问题很重视。在我国,标准化也开始成为图书情报工作人员关心的问题。

所谓标准,就是统一的规格。这种规格可以由一个单位制订,例如,各图书情报单位的"报刊工作细则"等,也可以由团体、国家或国际组织制订,例如"英美编目条例"(AACR—Anglo American Cataloging Rules);可以由政府制订,也可以由非政府的社团或组织制订。

世界上不少国家都有图书情报工作的国家标准,有些国家有专门组织推行情报管理工作标准化。例如,西德1928年就有情报管理关系的最初规格。美国1939年设立关于图书馆工作、情报及有关出版工作委员会(Sectional Committee Z39 on Library Works, Documentation and Related Publishing Practices),后来设立图书馆资源中心(Council on Library Resources),最近美国还进行计算机输入情报标准化工作。我国图书情报工作标准化已经着手进行。1979年11月由国家标准总局领导,成立了"全国文献工作标准化技术委员会",在它的领导下开始制订并实施了一批文献工作国家标准。

期刊的标准化问题,目前主要有下列四个方面。

(1)期刊的版面编排,包括期刊的构成,刊型设计;刊名,期刊的开本,书名页、广告、目次、正文、总目次,索引等各部分的标准。国内外有关这方面的标准有:

①国际标准化组织的标准。

ISO R8:期刊的版面编排(Layout of Periodicals),1977。

ISO R215:期刊稿件的编排,体裁及形式等(Presentation of Contribution to Periodicals),1961。

ISO R18：期刊和其他文献的简明目次表（Short Contentstist of Periodicals and Other Documents），1955。

ISO 2145：书面文献中章节的号码印刷（Numbering of divisions and subdivisions in written documents），1972。

②中国标准。

GB 3179－82：《科技学术期刊编排规则》。

GB 3468－83：《检索期刊编辑总则》。

GB 3259－82：《中文书刊名称汉语拼音拼写法》。

③西德标准。

DIM 1503：科技期刊构成的准则（Wissenchaftliche Zcitschriften Richtlinien fur die Gestaltung），1938。

④英国标准。

BS 2509：有参考价值的期刊：其格式及编排、体裁（Periodicals of referende value：form and presentation），1959。

⑤美国标准。

ANSI Z39.1：美国全国标准：书刊排印体裁、装帧设计与配置（ANS for standards：format and arrangement），1967。

ANSI Z39.16：美国全国标准：有关书面论文的体裁与形式（ANS for the presentation of scientific papers for written or oral presentation），1972。

（2）刊名省略法的标准化，要求有下列三个构成要素：①省略法的一般法则；②标准省略形的词汇表；③省略刊名的收录表。国外有关刊名省略法的标准有：

ISO 4：国际期刊刊名略语表示法（International code for the abbreviation of titles of periodicals），1972。

ISO 833：国际期刊刊名略语表（International list of periodical title word abbreviations），1974。

DIM 1502：带有拉丁文的期刊和类似出版物篇名略语表（Kurzung der Title von Zeitschriften and ahnlichen Veroffenntlichungen Worterlaus Sprachen mit Lateinischen and Kyrillischen Schrifzeicheu),1974。

BS 4148:期刊篇名略语介绍(Recommendations for the abbreviation of titles of periodicals),1967。

ANSI Z39.5:美国全国标准:期刊篇名略语(ANS for the abbreviation of titles of periodicals),1969。

国际期刊篇名省略语表(International list of periodical title word abbreviations),prepared for the UNISIST/ICSU – AB Working group on bibliographic descriptions,1970。

上述省略语表含有单词均在4000以上。

(3)期刊刊号的标准化。很多国家的期刊都有本国的刊号,而国际上目前采用的是ISSN,ISSN的标准主要有:

ISO3297:国际标准连续出版物编号(International Standard Scrial numbering ISSN),1974。

ANSI Z39.9:美国全国标准:连续出版物文献编号(ANS Identification number for serial publications),1971。

中国标准刊号的国家标准也在制订中。

(4)期刊整理与文献描述标准化。包括目录规则、著录条例、索引与文摘法、分类表、主题词表等方面的标准化。主要有:

DIS N14:文摘(Abstracts)。

UNESCO:出版物作者的摘要编写指南(Guide for the preparation of author's abstracts for publication),1968。

ANSI Z39.14:美国全国标准:文摘编写法(ANS for writing abstracts),1971。

(日)科学技术振兴局:关于文献编制的准则,1974。

《国际标准书目著录(连续出版物)》〔ISBD(S)〕。

GB 3792.3 – 85:《连续出版物著录规则》。

二、期刊工作缩微化

缩微化是指利用缩微复制品代替印刷型书刊资料。目前所说的缩微复制品(Microform)一般是指把文字、图像缩小到非肉眼所能直接看清,而必须使用阅读器才能阅读的媒介形式。

1839 年美国的丹塞(J. B. Dancer)发明了缩微摄影术。1935年美国雷科德克(Recordak)公司开始把《纽约时报》摄制成缩微胶卷,出现了缩微型报纸。真正的缩微出版业则始于 1938 年。当年美国哈佛大学开始执行"外国报纸缩微计划"(Foreign Newspaper Microfilm project),美国大学缩微影片公司(University Microfilm)创立,其主要业务是以缩微胶卷来摄录珍稀本和绝版的图书以及博士论文。因此,供图书馆收藏的缩微复制品的出版发行,只是近 30 年来的事。而这种出版发行,实际上大部分是已有书本型的出版物采用另一种媒介的重新出版发行。

现在国外已有数千种期刊在其出版发行的同时,可订购缩微品,缩微品只收原期刊价的 15% 左右。如只单独订购缩微品,其价格约合原期刊价四分之三。有的期刊两种版本内容完全相同,有的期刊的印刷版只登论文文摘,缩微版全文刊登论文,因此前者是后者的检索工具。如苏联的《原子能》杂志,印刷版只登论文摘要,读者如需全文,可向编辑部订购,按件计价。

国外许多图书馆在订期刊时,同时订缩微版和印刷版,而在三、五年以后,这些期刊的借阅率大大降低,就把印刷型期刊废弃之,仅保存缩微复制品,从而大大节省藏刊的空间。

图书情报部门收藏缩微复制品有下列优点:①可获得难得的或图书馆不出借的出版物(如珍本、绝版书、限制发行的书、不出版的手稿等)。②贮藏体积比印刷本小,提取携带方便,因此在馆际互借或国际交换中多利用缩微品,可更多满足借用要求,能节省邮寄费用,便于利用航空快寄。更重要的是,缩微复制品能大大节省收藏书刊的空间,至少能节省95%。尤其是期刊版本大,发展快,占用空间多,若代之以缩微复制品,可解决目前普遍存在的库房拥挤问题。③补购缺期过刊既省钱又省事,同时省去印刷本过刊的装订工作。

利用缩微复制品也给图书情报部门及读者带来下面一些问题。

对于图书情报部门保管流通来说:①投资大,需要购买用于缩微化的摄影、阅读和复制设备和器材,其中有些设备相当昂贵,有些目前国内还不能生产,需要进口。②保存的条件要求较高。③需要与印刷本不同的一套管理、借阅办法。

对于读者来说:①由于需要阅读机,只能在固定地方阅读,看久了眼睛容易疲劳。②阅读环境往往不够安静,不够清洁,采光条件也不理想,不如阅读印刷本方便舒服。③难于同时阅读几种期刊。

缩微复制品一般有两种类型:一种是长条形,例如缩微胶卷(Microfilm),一般为35毫米的,也有16毫米的。一种是卡片型,例如缩微平片(Microfiche),目前最通用的尺寸为105×148毫米。

要注意,缩微复制品与书刊印刷本的"品种"概念不尽相同,一种缩微复制品往往指一套期刊或一套丛书。

据统计,美国有100多家缩微出版商,西欧、日本也有不少,科技期刊尤其突出。出版大套过期刊物的出版商,美国有约翰逊联合公司(Johnson Associates)和克劳斯(Kraus)两家。英国有欧罗巴出版公司的缩微品部(EP Group of Companies,Microform Division)等。报道缩微复制品的目录很多,报道最多的是英国威尔士公司的《在版缩微复制品目录》(Guide to Microforms in print)及其姐妹篇《在版缩微复制品主题目录》(Guide Sebject to Microforms in Print)。

使用缩微复制品需要下列的设备:①阅读机或阅读复印两用

机;②缩微照相机;③缩微复制品复印机(供拷贝缩微胶卷或胶片复份之用);④放大复印机(将缩微复制品放大翻印成直接阅读的复印品);⑤电子计算机输出缩微胶片机,可作为联机检索的终端装置,把计算机输出的信息转换成光信号,摄录在缩微胶卷或胶片上,最高速度可达12万个字母/每秒。

缩微复制品的贮存,需要有特殊的温度和湿度,同时,要配置胶卷和胶片的容器或套夹、贮存柜等。最近,国外出现一种书本式的缩微胶片夹子,称为"缩微胶片图书"(Microfiche Book),其外观与装帧同普通的精装本图书相似。全书是一个纸口袋,袋内装有缩微胶片。它的出版方式与图书一样,每一册(或数册)作为一个出版单元,书脊上标有书名,按册定价出售,可以像图书一样编目、上架入藏。国外有些出版商或复制商已开始用"缩微胶片图书"形式出版丛书、过期期刊和大套画集等。

我国期刊缩微复制工作在高等学校图书馆、公共图书馆已陆续开展。1985年全国文献缩微复制中心成立,目前主要进行报刊补缺、整理、统一协调,以及各图书馆缩微复制计划的核对、审批等工作。到1988年底,该中心建成的母片库已收藏母片1万多卷,包括全国24个省市公共图书馆收藏的有价值而且出版量大的1000多种解放前出版的报纸。北京图书馆已开始缩微复制期刊,8000多卷善本也已完成缩微复制工作。此项工作不但有利于保存文献,也有利于文献交流与共享。

期刊缩微复制工作包括设备的配置和使用,以及编目整理工作。期刊工作人员在刊物复制前,需逐期逐页进行整理,缺期缺页尽量补全,然后制成目录,以便于利用。

第八章　报纸的管理与利用

　　报纸与期刊同属连续出版物，二者在管理与利用方面有许多相似之处，本章主要阐述报纸工作的特殊性，其一般工作方法可参照以上各章。

一、报纸的作用

　　报纸是以刊载新闻和评论为主的定期出版物。与期刊相比较，报纸的新闻性更强。作为一种新闻工具，报纸以传播消息、传递情报为主，是重要的大众传播工具。

　　报纸有以下作用：

　　1. 传递信息，帮助读者及时了解国内外或某一领域的情况。在当今信息数量庞大、传递速度加快的情况下，报纸在信息传递速度上优于期刊。在这方面，它虽不及电视和广播，但是在情报处理能力，报道的详细程度，揭示社会的广泛性、深刻性等方面却有着明显的优势。因此，报纸一直拥有广大的读者。

　　2. 报纸作为重要的舆论宣传工具，具有以下作用：

　　①在政治生活中，报纸经常宣传报道决策部门的意图，大至全国性方针政策，小至企业或厂矿党政部门的决定、决议，均在各级各类报纸上大量报道。报纸能迅速地反映在实际工作中、实际生活中出现的各种新情况，反映人民群众的需求，及其对报道内容的反馈。因此，报纸可促进各方面对话渠道的畅通，具有很强的实

用性。

②舆论监督的作用。报纸为人民群众提供发言场所。马克思曾经指出："报刊按其使命来说，是社会的捍卫者，是针对当权者的孜孜不倦的揭露者，是无处不在的耳目，是热情维护自己自由的人民的千呼万应的喉舌。"①报纸经常把人民群众看到的问题和不良倾向反映出来，引起舆论注意，求得问题解决。例如不少报纸刊登读者来信，并注意对群众意见的反馈。自改革开放以来，我国报纸在这方面做了大量工作。

③普及科学文化，丰富群众生活。报纸拥有广泛的读者，为各阶层人士服务。它能向读者普及科学文化，丰富读者的精神生活。许多报纸开辟专门的栏目和版面，一些专业报纸增设星期日版或周末版，内容以文化娱乐为主，使读者不但获得专业方面的信息，增长知识，也丰富了业余生活。

二、报纸出版概况

报纸的产生与发展需具备新闻需求稳定化、传播媒介定期化及邮政制度完备性等条件。

有人认为最早的"类报纸"是公元前 59 年根据罗马执政官恺撒的命令，记录元老院议事的《元老院记录》，以及公布平民会议决议的《平民会议决议记录》等，总称为《每月记事》的文体。近代报纸，即符合其产生与发展条件的报纸，出现在 17 世纪初。例如德国的《关系报》（1609 年创刊），英国的《每周新闻》（1622 年创刊），法国的《新闻报》（1631 年创刊）等。

我国近代报纸出现于 19 世纪 30 年代。在我国报刊发展史上一个引人注目的现象，是"政治家办报"。从清代末期的维新派人物康有为等，以及延续至 20 世纪，中国的报业与政治斗争有着秘

---

① 见《马克思恩格斯全集》第 6 卷，第 225 页。

切联系,从而形成了高度集中的新闻管理体制。80年代以来,开始出现民间办报,但一般以剪辑各报的"文章摘要"形式,或文艺形式居多,还没形成民间新闻媒介的形式。我国近40年来报业的发展,如果按省级以上的报纸种数来看,除"文革"十年外,增长速度不如期刊快。1950年出版382种,1987年出版850种。但如果包括县市以下的地方报纸,以及各行业、各企、事业及机关学校的机关报、文艺报等,我国报纸的数量可用"汗牛充栋、不可胜数"加以概括。据笔者统计,仅1987年通过邮局征订的报纸即达1060种。[①] 又据《广东报刊指南》一书统计,广东省1985年与1986年上半年发行的报纸为273种。从发行的份数来看,近年来报纸发行量每年以20%多的速度递增。1983年全国平均10人有一份报,1985年达到7.03人有一份报。以上统计数字说明我国报业发展的可喜变化。

应该指出,我国的报业发展也存在不少问题。从内容上,新闻报道的广泛性、时效性不够,一些记者职业道德或素质不佳,造成报道可靠性不高,以及一些文艺报纸格调不高。此外,报纸价格上涨过猛,增加订户的经济负担,造成订户数量的减少。为了解决这个问题,有的报纸编辑部采取自负盈亏、自主经营的方式,尽量减少管理层次,以求生存。

报纸的出版,国外已形成所有权集中化、垄断化,并采用各种新技术,如电子计算机编辑系统和照排等。而我国目前则从管理体制到报纸内容仍处于发展变化(多样化发展)阶段,如何完成向现代报纸的转化及我国现代报纸的目标与任务的确定,仍然是报业继续探讨的重要课题。

---

① 参考《全国报刊内容汇编》1987年版,北京市邮政局编辑出版。

三、报纸的类型与特点

随着生产的发展,社会的进步,各种类型的报纸像雨后春笋般出现。报纸不但形式多样,品种也很繁杂。

目前,我国报纸的主要类型有:

(1)按办报单位性质分:有党政机关报、人民团体报等,如《人民日报》、《人民政协报》、《中国青年报》、《中国妇女报》等;

(2)按出版发行时间分:有日报、晚报、周报、半月报等;

(3)按专业分:有各种专业报纸,如《中国教育报》、《健康报》、《中国电力报》、《国际电子报》等;

(4)按地区分:有全国性的、地方性的、综合性和专业性等;

(5)按文种分:有中文报纸、西文报纸、日文报纸和俄文报纸等。

党报在我国社会生活中起着重大的作用。它是党和人民的耳目、喉舌,是党联系群众的桥梁,是人民了解中国和世界的媒介,是党和政府指导工作、发展经济、丰富人民群众文化生活、沟通消息、传递信息的重要手段。党报拥有最广大的读者群。

四、报纸的管理

报纸的管理工作与期刊基本相同。其订购工作与期刊订购工作可同时进行。报纸到馆后的记到工作一般使用报纸记到卡,记到方法与期刊记到相同。

1.报纸合订本的管理。

过期报纸合订本的保管工作主要解决排架方式和保管方法两个问题。

报纸合订本的排架方式有以下几种:

①按出版地排。对于邮局发行的报纸,可按邮局发行代码(刊号)排列。

非邮局发行的报纸,可按各报纸注册登记的省市的报刊登记证号排列,省市代码可采用国家标准《GB2260-84 中华人民共和国行政区划代码》。例如:《中学语文报》的登记证号为浙江省报纸登记证第 9 号,该报编号为 33-009 或 330009(33 为浙江省代码)。1988 年各省市报纸重新登记注册,开始采用国内统一刊号,因此又出现另一种出版地的代号。例如《南方周末》国内统一刊号为 CN44-0003 号,邮政代号为 45-36。

由于按报纸出版地形成有多种代码,图书馆可根据本馆情况选择其中一种用作排架号。这种排架号比较简明,便于上架,也便于按出版地查找报纸。

②按报纸名称汉字字顺排列。中文报纸一般可按报纸名称的汉字笔画笔顺排,有的图书馆则按报纸名称的四角号码排。

无论按哪一种汉字字顺排列法排列,都必须注意用指示牌标出报纸名称汉字首字的排架位置,以便于提取和上架。

③按报纸名称的汉语拼音字顺排列。排架时,也应标出报纸名称汉字首字的排架位置。

此外,报纸也可分类排架,但必须先进行分类,并确定同类报纸的复分号。

报纸的保管工作主要问题是库存范围的确定,以及藏书保护技术的研究。由于报纸出版数量大,占空间大,因此每个图书馆可根据本馆性质、任务,有选择地入藏,种数不必求全。例如,省图书馆是全省藏书中心,报纸收藏较全,与省图书馆在同一城市的一些科研或区级图书馆可收藏本专业或地区必需的报纸,其他报纸可利用省图书馆的馆藏。

报纸用新闻纸印刷,纸张易变脆、变黄,应注意防潮、防晒、防鼠咬虫蛀。

2. 报纸的分类。

目前我国尚无报纸分类表,有的图书馆使用《中国图书馆图书分类法》进行分类。对于报纸的分类,应根据其特点制订分类规则。以下问题应在规则中作出规定。

①分类标准的确定。

报纸的特点之一是内容繁杂,单纯报道某一学科的学术问题,或某一专业的技术问题的报纸是极少的。报纸特点之二是信息量大,报道属新闻性质,只能通过报纸某一版面论述或讨论一些学术问题,而这些问题一般为当前读者所关心。因此,消息性为主,知识性为辅是报纸的特点。报纸特点之三是读者广泛,因此,报纸必须满足本报读者的要求,而读者的要求是多方面的,即使是企业报或其他专业报纸,从报道内容上也要尽量做到多样化。

根据报纸的特点,不能像图书那样,以内容为主要依据。报纸分类的依据首先应考虑其专业性质,例如《冶金报》入 TG;其次应考虑出版目的和读者群;此外应考虑报纸的出版形式特点,如日报、晚报、中央报、省报、市县级报等。

②分类表的使用。

报纸分类不必过于详细,因此可使用《〈中国图书馆图书分类法〉期刊分类表》进行分类。分类时可根据报纸的特点对类目适当进行增删。改造类目有以下几方面内容:

"Z 综合性刊物"可改为"综合性报刊",加注释:中央级、省市等各级党政部门主办的报纸入此,例如:《人民日报》、《北京晚报》等;依中国地区表分;如需要再依形式复分表分。

形式复分表增加"—5 各类型报纸",下细分为:

—5 　　　各类型报纸

—51 　　　日报

—52 　　　晚报

—53 　　　周报

—54 　　　旬报

—55 　　　报刊剪辑

例如:《报刊文摘》、《小说选刊》。

〔—56〕 信息报道

宜入—1。

—57　　企业、机关、学校内部报纸。

注:各机关报、校刊入此;按报刊名字顺排列。

中国地区表应加注释:"各级报纸排列次序为:中央级—省级—市级—县级;同一级报纸按名称字顺排列。"同时,表中加"城市"、"农村"两个类目。

经过上述加工,期刊分类表基本上能用于报纸分类。

③分类的方法。

根据分类规则和分类表的要求,报纸分类中对于一些特殊情况可作以下处理:第一,按报纸的行业或专业性质归类,例如:

《地震报》入 P315

《中国电子报》入 TN

第二,按报纸的读者对象和报道内容归类,例如:

《中国妇女报》入 D44

《农村信息报》入 F32(加复分号)

《中山大学校刊》入 G64(加复分号)

第三,报纸有显明的地方性,因此,可使用中国地区表进行复分。例如:

《福建侨乡报》入 D634＋57

《广东侨报》入 D634＋65

五、报纸的利用

我国图书馆历来重视报纸的宣传利用,例如设立报纸阅览室、阅报栏等。此外,为了充分发挥报纸的作用,不少图书资料部门还开展剪报工作。

报纸的信息量越来越大,但其中有相当多的信息对一部分读者并不需要，或者没有参考价值。有用的信息往往分散在不同报纸、不同时间和不同版面内。为了使读者能全面地、及时地集中获得某方面信息或资料，开展剪报工作是一项十分重要的情报服务内容。

剪报首先应根据本地区、本部门的特点和需要，以及读者的阅读倾向，确定内容范围。例如县图书馆可选择以农业科技、乡镇企业所需广告或信息、地方文献等内容；专业性图书资料部门则选择科研或教学需要的资料，包括数据资料、事实资料、学科或专业发展动态，以及书刊评介等内容。

剪报资料的整理工作十分重要。剪贴应有统一规格，以便于保存。在剪贴时，应标明资料的出处，即报纸名称，出版年、月、日，版次（即第×版）等，以备查考。剪报资料可按分类或主题集中，即同一类或同一主题的资料集中一处，以方便读者阅读。为了提供检索，可编制分类或主题目录（索引）。

除剪辑报纸外，不少出版部门和图书馆还出版各种类型的报纸文章辑要，称为摘要型报纸或文摘型报纸。辽宁省图书馆等在这方面做了不少工作，并受到领导部门的重视。

为抢救解放前的报纸，许多图书馆正在进行报纸的缩微复制工作，有的还在翻印出版一些有价值的旧报纸。这项工作的开展对于我国报纸的保护与利用有十分重要的意义。